詩 쓰는 농부의
귀 농 별 곡

시 쓰는 농부의 귀농별곡

펴 낸 날 2025년 11월 18일

지 은 이 곽해묵
펴 낸 이 이기성
기획편집 최인용, 서해주, 권희연
표지디자인 최인용
책임마케팅 이수영, 김정훈
펴 낸 곳 도서출판 생각나눔
출판등록 제 2018-000288호
주 소 경기도 고양시 덕양구 청초로 66, 덕은리버워크 B동 1708, 1709호
전 화 02-325-5100
팩 스 02-325-5101
홈페이지 www.생각나눔.kr
이 메 일 bookmain@think-book.com

- 책값은 표지 뒷면에 표기되어 있습니다.
  ISBN 979-11-7048-938-2(03810)

Copyright ⓒ 2025 by 곽해묵 All rights reserved.
· 이 책은 저작권법에 따라 보호받는 저작물이므로 무단전재와 복제를 금지합니다.
· 잘못된 책은 구입하신 곳에서 바꾸어 드립니다.

詩 쓰는 농부의

귀농별곡

한울 곽해묵

자연의 생명터에서
농부들은 연둣빛 봄으로
희망의 수채화를 그려간다

생각나눔

머리말

 2025년 11월 30일은 필자가 귀농(1995년 11월 30일)하여 창농한 30주년 기념일이 된다. 처음 농사를 시작할 때 가족들과 주변 지인들의 만류에도 과학영농인 수경재배 친환경농업이라고 차별화된 선진농법이라면서 무지하고 무모한 멧돼지처럼 일을 저질렀다. 농사기술도, 자본도 없이 농지도 부족한 내가 '남들만큼 노력해서는 그 사람의 발뒤꿈치도 못 따라간다'는 신념으로 밤낮없이 눈가리개를 한 경주마처럼 앞만 보고 질주할 수밖에 없었습니다.
 개혁하고 혁신의 결실로 성과를 얻기 위해서는 '세 마리의 개[개념(고정관념, 통념), 선입견, 편견]를 버려야 한다'라는 어느 강

사님의 말씀처럼 친환경농업으로 이념의 상투를 틀고 배우지도 못한 SWOT분석과 STP전략으로 농산물을 상품화하고 리콜제를 도입하는 유통개혁으로 농상품의 가치혁신을 선도하였습니다. 그렇게 좌충우돌하면서 태풍 수해와 온실 화재 등 고난과 역경 속에 배움과 연구를 거듭하며 살아온 30년 영농일기 속에 자작시로 마음 다잡고 때로는 스스로 어르고 달래며 고비를 넘기고 또 다른 목표를 선정하며 도전했던 영농생활과 농업정책의 바람을 담았습니다.

 농산물은 식탁의 변화 즉 우리의 식생활변화와 농산물 유통변화의 물결에 따라 재배(수확량)와 판매처의 비중이 농가의 높은 소득 격차를 만들어 놓았습니다. 그 와중에 농업현실은 인건비상승과 고물가의 농자재 비용에 실속 없는 농업이 되어 보조금 없이는 버티기가 어려운 것이 현실입니다. 그래서 인력을 줄이고 자재비를 줄일 수 있는 선진농법인 수경재배의 품목연구개발과 실험재배를 시행하였습니다. 농사에는 정답이 없지만 우리 지역, 내 온실환경에 적합한 생태환경을 조절하며 실험재배로 시금치와 잎들깨, 부추와 대파 등 누구도 시도하지 않았던 품목들을 수경재배법으로 실험재배 연구한 메뉴얼을 만들고 로컬푸드 매장에 전시하게 되었습니다. 이제는 스마트팜 시대를 맞이하여 선도농으로 필자의 농사법이 활용

되었으면 좋겠습니다.

 강산이 세 번이나 변화한 30년 동안의 영농과 전원생활을 농부의 시심(詩心)으로 어르고 달래며 풀어놓은 이야기입니다. 귀농·귀촌과 스마트팜에 관심이 많은 분들께 널리 읽혔으면 좋겠습니다.

| 목 차 |

- 머리말　　　　　　　　　　　　　　04

제1장
팔공산 촌부의 시심

01. 상추의 숨은 이야기　　　　　　　12
02. 복토와 대보름　　　　　　　　　18
03. 농부 생각　　　　　　　　　　　23
04. 겨울비 그리고 우심　　　　　　　29
05. 귀농별곡　　　　　　　　　　　36
06. 옹 이　　　　　　　　　　　　　49
07. 엄마의 아픈 손가락　　　　　　　55
08. 풍선효과와 아날로그 농업　　　　60
09. 농부의 창　　　　　　　　　　　68

제2장
메아리를 찾아서

01. 태백산 눈꽃산행　　　　　　　　76
02. 영덕 팔각산　　　　　　　　　　82
03. 금산 보리암　　　　　　　　　　86
04. 쫓비산 매화마을　　　　　　　　92
05. 마이산 석탑 이야기　　　　　　　98
06. 금정산성과 고당봉　　　　　　　104
07. 비슬산 참꽃축제　　　　　　　　110
08. 미리 가본 소백산 연화봉　　　　　118

09. 신불산 억새평원	126
10. 가을산행 & 숲속음악회	131
11. 설악산 흘림골	139
12. 오대산 선재길	146
13. 합천 매화산(남산제일봉)	152

제3장
바람에 실은 여행

01. 저도 청해대	164
02. 청송 치유 여행	171
03. 휴전선 백령도	178
04. 울릉도 & 독도 기행	184
05. 한여름 밤의 꿈과 낭만으로	190
06. 파타야의 추억	199
07. 장가계 천자산	205

제4장
부록 (영농일지)

01. 노지딸기 삽목묘 재배	216
02. 부추 수경(양액)재배	220
03. 수경재배와 대파	225
04. 한울농원 이야기	228
05. 로컬팜카페 사업계획서	246

제1장

팔공산 촌부의 시심

01
상추의
숨은 이야기

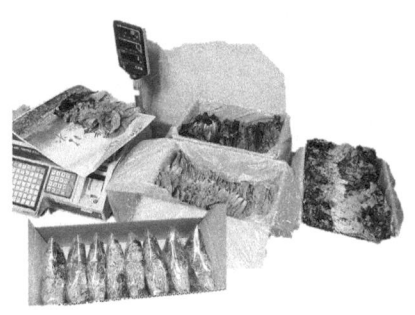

상추는 이집트 피라미드 벽화에서 볼 수 있듯이 줄기채소에서 그리스와 유럽을 거치는 동안 잎채소로 개량되었다. 상추가 우리나라에 들어와 재배된 것은 수나라로 간 고구려 사신들에 의해서 상추가 도래했다. (해동역사 제26권 물산지 채류편)

그후 상추는 우리 민족이 즐겨 먹는 대표적인 쌈 채소가 되었다. 그리고 팔공유기 상추가 대구특산물인 사연은 이렇습니다.

때는 후삼국시대였다. 후백제 견훤의 군대는 고울부(영천)을 점령하고 금성(경주) 포석정으로 가 경애왕을 살해했었다. 신라의 구원 요청을 받은 고려 왕건의 군사들은 무태와 연경동을 지난 지묘동 나팔재를 넘어 백안동에서 견훤의 군대를 가볍게 제압하고 고울부 은혜사로 진격하지만 지금의 와촌면사무소 인근에서 대패를 하고 백지장처럼 하얗게 겁에 질린 병사들이 백안동으로 황급히 후퇴하던 때였다.

▲ 공산 동수전투장에서 바라본 왕건올레길(용호상박길)

그렇게 동수전투(팔공산전투) 한창이던 가을날 초저녁이었다. 한 아낙네가 두 손을 모으고 신줏단지 앞에 무릎을 꿇고 앉아 징용으로 전쟁터에 끌려간 남편의 무사귀환을 빌고 있었는데 갑자기 사립문과 함께 검은 물체가 쓰러졌다. 패잔병으로 온몸이 상처투성이가 된 남편이었다. 누가 볼세라 재빨리 안방으로 모시고 방문을 달아 걸었답니다.

그리고 급하게 채전에서 뜯어온 가을 상추와 따뜻한 밥을 지어주니 허겁지겁 허기를 채운 패잔병은 금방 원기를 회복했다. 그런데 뒤뜰에서 사각거리는 대나무 잎이 스치는 소리가 끊겼다 이어졌다 하였으니 잠시 긴장감이 흐르는 듯했다.

원기를 회복한 사내는 거불거리는 호롱불 너머로 비친 아낙의 모습이 '등하미인'이라, 마음이 크게 동하였고 주체할 수 없는 아랫도리 육봉은 거세게 솟구쳐올랐다. 그리하여 밤새도록 사랑을 나누었다 한다. 그렇게 상추가 원기회복과 강장제로, 영양가 높은 보양제로 입에서 입으로 일파만파로 고려 전국에 퍼져나갔다. 그리하여

'가을 상추는 방문을 닫아 걸고 먹는다.'
'가을 상추는 백년손님 사위도 안 준다.'
'상추는 수절하는 과부에게 주면 안 된다'는 속담이 생겼다고 합니다.

이렇게 고려상추는 영양가 높고 품질 좋은 보양제로 중국까지 소문이 퍼져나가 원조 K-Food가 되었으며 중국인들이 나래비를 하고 고려상추를 천금을 주어야 살 수 있었다 하여 상추를 '천금채'라 불렀다고 중국 문헌 '천록지여'에 전하고 있습니다.

▲ 한울친환경영농조합 로컬푸드 판매장

그후 천 년이 지나서 김락 장군이 전사한 팔공산 동수전투의 현장(미리사가 있었던 미대동)으로 1995년 늦가을 귀농한 대구 친환경 인증 1호 농장주 곽해묵은 공산친환경농업지구을 조성하고 상추를 비롯한 쌈 채소(특수 야채)와 팔공산 친환경 딸기, 미나리, 토마토 등 친환경 유기 농산물을 재배하였으니 이것이 팔공산 친환경 유기농산물 즉 대구 특산물 팔공유기(8062) 상추로 유래하여 온라인(인터넷)상에 알려 퍼졌다 할 것입니다.

팔공산의 봄

실바람이
춘풍으로 불어오던 날에
허드러지게 피었던 봄꽃은
꽃비 되어 내리고
벌거벗은 나신이 부끄러워서
수줍은 도화의 붉은 입술은
더 더욱 고운데
자연의 생명터에서
농부들은 연둣빛 봄으로
희망의 수채화를 그려간다

하늘 계단

소원 비는 갓방구에
어둠이 내려앉으면
천국으로 놓여진 하늘계단은
한 계단 또 한 계단
차례 차례로
간절한 어미의 정성이
등빛되어 오르고
그제야
기운달을 어깨에 걸친
촌부도 집으로 든다

농부의 향기

구릿빛 얼굴의 골 깊은 주름살은
긴 세월을 질곡의 삶으로 애환을 담고
삐딱한 밀짚모자 버려진 허수아비를 닮아서
사나운 인심을 허허롭게 웃어넘기는
사람 사는 이야기 농부의 초상

태고의 전설은 동경의 빛깔인데
신문화에 퇴색되어
이제는 쓸쓸함까지 떠나보내고
남겨둔 두엄을 뒤집어서 고단한 새벽을 묻고
자연의 섭리에 순종하는
사람 냄새 농부 향기

02
복토와 대보름

팔월 한가위가 햇곡으로 만든 음식과 햇과일로 조상님들의 음덕에 감사하며 즐기는 우리 민족의 세시풍속이라면 정월대보름은 풍년 농사와 일년 동안 무사안위를 바라는 마음으로 농사를 시작하기 전에 마을주민들이 함께 즐기는 축원성 세시풍속이다.

정월대보름의 세시풍속에는 액막이 연날리기와 달집 태우기, 오곡밥 복조리 돌리기, 부럼 깨기, 귀밝이 술, 더위 팔기, 야광귀 쫓기, 오곡밥과 묵나물 등 건강과 농사에 연관된 것이 많다. 그도 그럴 것이 원래 세시풍속은 농사의 시작부터 즉 씨앗의 파종, 농작물 재배, 수확과 저장에 이르기까지 계절에 따라 농사일정과 함께 연관된 농경문화로 전해왔다.

정월 보름달

모정으로 비는 달은
정안수에 담아 뜨고
간절한 정으로 빚은 소망이
꿈으로 부푼 희망이 되고
내일의 바람을 가슴에 품어
위안을 받고 싶은 마음까지
올망졸망
모두의 염원을 엮어서 쌓은
달집이 뭉실뭉실 타오르는 욕심으로
불티 되어 멀리 멀리 날아갈 때에
깨끗하게 목욕하고
환하게 솟은 정월 보름달이
온누리 밝은 미소 가득하게 하소서!

우리 민족의 세시풍속 중에서 대보름 전날 밤에 부잣집 흙을 훔쳐서 논밭에 뿌리면 부자가 된다는 복토 풍속이 있다. 어느 부잣집은 그 흙을 지키려고 눈썹에 밀가루 칠을 하며 밤을 지새우는가 하면 여느 부잣집은 모른 체 은근슬쩍 눈감아 주며 장난으로 받았다 합니다. 또 다른 풍속 중의 하나가 음식 맛이 좋은 종갓집 씨간장을 훔쳐서 장을 담그면 장 맛이 좋아진다는 말이 있습니다. 그런데 그런 일이 생기면 요즘처럼 지적 재산권이다, 특허권 침해다, 야단법석을 떨지 않고 혼자 잘 살면 보살필 사람이 더 많아 괴로우니 함께 잘 살아가기를 바라는 마음에 지식을 나누고 가르치는 방법에도 재미와 의욕을 부추겨 풍속으로 만들지 않았나 싶다.

이러한 세시풍속을 보면서 우리 선조들은 선각자로서, 지도자로서 권력으로 윽박지르고 않고 지혜로운 배려와 가르침을 남겼다.

부잣집 논밭의 흙을 훔쳐 뿌리면 풍년이 들어 부자가 된다는 말은 유용 미생물이 많은 토양에서 명품농산물을 생산할 수 있다는 현대의 과학영농과 일맥상통하는 이야기다.

부잣집의 유용미생물을 논밭에 뿌려 배양시키면 농작물이 튼튼하게 자라 풍년 농사를 이룰 것이니 부자가 되는 것은 따온 당상이질 않겠는가? 그러면 그 유용미생물을 그냥 나누어 주면 될 것을 굳이 몰래 눈치

를 보며 훔쳐가게 했을까?

 아무런 노력 없이 공짜로 얻은 것은 허접하게 여기는 사람들의 습성을 염려하고 갈구하는 심리를 부추겨 의욕을 극대화하려고 짜릿한 흥미를 더한 풍속놀이로 만들어 놓지 않았나 싶다.

 현대사회에서도 뚜렷한 의지와 목적의식이 없는 사람에게 주입식 교육, 퍼주기식 공정함이 효율성을 상실되기에 자부담이란 구실로 조금이나마 의욕을 부추기고 있지 않는가? 이러한 현실을 볼 때 우리 선조들은 비록 물질적으로는 다소 부족한 사회였지만 심적으로는 여유와 재치로 풍미를 즐기는 농경문화를 현명하게 지켜왔지 않는가 싶다.

 초고령화로 노동력을 잃어버린 농업 농촌에 70~80년대의 직업훈련원처럼 농부학교를 세우고 전문농사꾼을 만들어 취업하는 농부로 높은 창업농의 문턱을 뛰어넘게 하고 두레와 품앗이를 복원한 품앗이 뱅크로 거듭나려고 로컬팜까페8062를 시작했습니다.

 이제 막 개간한 박토라서 부잣집 복토가 많이 부럽습니다. 누구 선조들의 아름다운 지혜 같은 그런 복토 나누어 주실 분 없나요?

동심(冬心)

살바람에 가슴 에는
칩거의 계절 모퉁이를 돌아
움츠린 어깨 사이로
집요한 그리움은
얼음 꽃으로 고운데
밤새워 오신 천진스러운 첫눈은
새하얀 세상을 연다

03 농부 생각

"너 토끼와 거북이 경주에서 토끼가 왜 졌는지 알아?"
"거북이가 따뜻한 날에 경주를 하자고 했거든, 털이 많은 토끼는 더우면 낮잠을 자야 한다는 것을 거북이는 알았거든, 바보 멍충이."

어느 드라마의 대사처럼 진실인듯한 허구로 현옥시키는 말들은 많다.

많은 사람들에게 감동을 주고 용기를 주었던 장원교육원 '솔개 이야기', '일본 목수의 생쥐 이야기', '욕심 많은 개' 이야기 등등 각색되고 누군가의 의도대로 편집된 하얀 거짓말이 난무하는 세상이다.

요즘 들어 우리나라는 불신의 골이 깊어서 자신의 생각과 신념이 다르면 설득이나 이해를 시키려 하지 않고 적대시하거나 편향된 독설을 뱉어버린다. 나 역시 언론매체를 좋아하지 않는다.

도시민 중 60~70%가 귀농·귀촌을 희망하고 있다고 TV와 언론매체들은 보도를 쏟아내고 벌써부터 귀농·귀촌인이 50만 명 시대를 열었다고 정부기관은 많은 귀농·귀촌 정책을 쏟아내고 있다. 또한 다양한 TV 프로그램은 짐로즈스의 말을 빌려서 청년들에게 희망과 미래가 농업농촌에 있다고, 그리고 베이비부머 은퇴자들의 노후를 농촌에서 여유로운 삶으로 낭만을 부풀리고 있다.

농업농촌의 현실은 낭만 그 자체만 있는 것은 아니잖아요. 앞서 말했듯이 장점만 부각시키거나 단점만 집요하게 파헤쳐 혼란스럽기 짝이 없다. 그래서 사물이나 현실을 종합적으로 분석하고 판단할 수 있는 관점을 인지하는 사람만 실패하지 않을 것이다.

따라서 농업농촌을 정확한 위치에서 올바른 자세로 바라볼 수 있는 농업인, 예비귀농인들을 위한 농업정책과 지원이 필요하다.

농가소득 4,000만 원 시대를 열었다 하나 농산물 생산소득은 생산원가를 제하고 나면 적자를 면치 못하고 있다. 즉 농외소득으로 겨우 지탱하는 농가들은 초고령화와 과도한 부채 등으로 첨단과학화, 자본집약적이고 전문화되고 세분화로 기술집약적인 스마트팜 등 점점 더 기업화되어가는 현대농업의 낙오자가 되고 있다.

이제는 초고령화로 노동력이 소실된 농가와 소작농으로 허약한 소농들을 강소농 교육으로 다그칠 때는 지난 것 같다. 한때 전 국민의 90%에 달하던 농업인이 이제는 5%에 불과한데 우리의 농촌은 어설픈 일꾼

외국인 노동력이 돈벌이로 농락하고 있다. 농업의 다원적 가치나 농산업의 비전을 접어두고라도 지속가능한 농업과 아름다운 국토환경보존을 위하여 농업인들에게는 협업농장과 협동농장을, 기관에게는 농업인의 애로사항 중에는 첫 번째인 노동력 확보를 위한 농부학교와 품앗이뱅크를 제안한다. 우리가 70~80년대 공업화로 경제개발산업으로 도약할 때 직업훈련원에서 기능공을 배양했듯이 도시민의 유휴인력이던, 귀농·귀촌 희망자들의, 외국인 근로자던 농부학교에서 일정 기간 농작업을 훈련하고 농업기술로 수련된 농부를 육성하고 농업현장에 취업하는 시스템을 구축하는 것이다.

 그것만이 높아진 농업의 진입장벽을 낮추고 협업농장과 협동농장으로 일자리 창출과 지속가능한 농업으로 아름다운 국토환경보존을 할 수 있지 않겠는가? 하는 농부의 생각이다.

늙은 아집이라 해도 어쩔 수 없다.
 도전하면 아픔을 극복해야 하고 좌절하면 굴욕을 덮어써야 한다면 긍정적인 사고로 가자! 아자 아자!

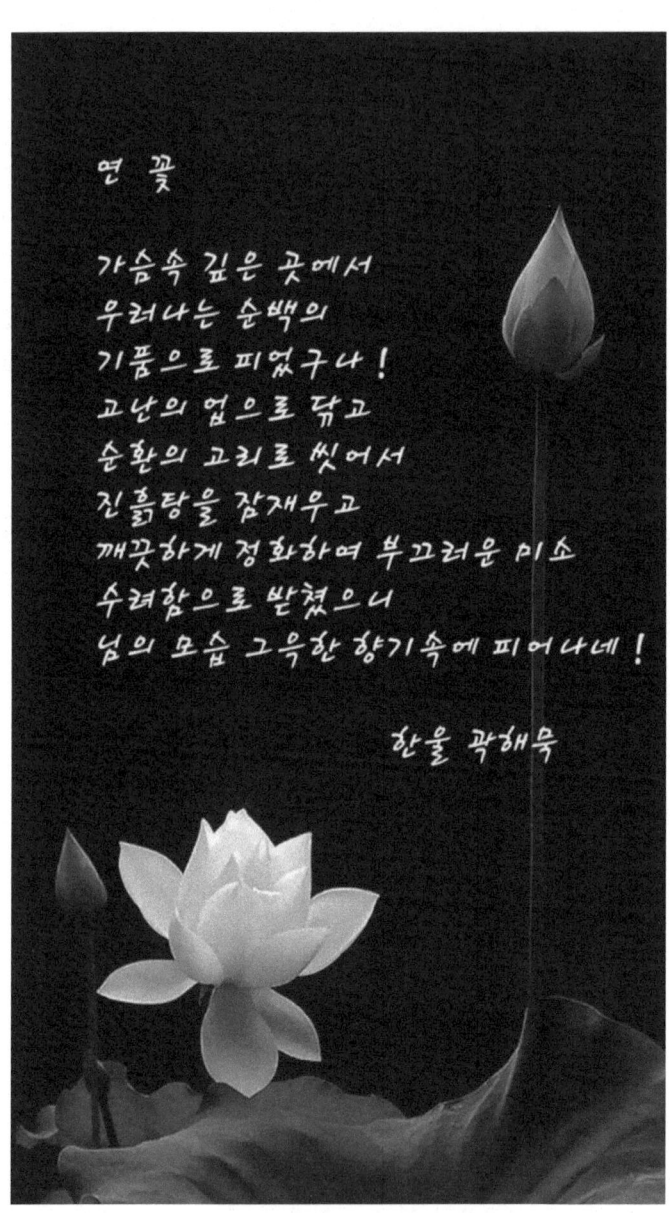

연꽃

가슴속 깊은 곳에서
우러나는 순백의
기품으로 피었구나!
고난의 업으로 닦고
순환의 고리로 씻어서
진흙탕을 잠재우고
깨끗하게 정화하여 부끄러운 미소
수려함으로 받쳤으니
님의 모습 그윽한 향기속에 피어나네!

한울 곽해묵

첫 눈

잡념을 안고 뒤척이는 밤에
살포시 첫눈이 오셨구나!

소원 하나 빌기도 전에
설산의 살바람 두고 가셨네!

동동거리는
고사리 손, 빠알간 볼이
잘 익은 딸기를 닮았구나!

내 어릴적 아랫목 이불 속에서
따뜻한 밥공기 끄내시던
어머니께 향긋한
딸기 한 상자 보내야겠다

숨바꼭질 사랑

어느 날부터 인가
내 가슴속 한자리에 들어앉은 너를 보고
애틋한 사랑을 배웠고

그윽한 너의 눈빛 그 매혹에 빠져들어
나비처럼 춤추는 내 열아홉 청춘을 보고
두근거리는 설렘을 찾았는데

너와 내가 마음을 열어 보여주고도
한 발짝 물러서는
숨바꼭질 사랑으로 엮어가는 은은한 이야기

04
겨울비 그리고 우심

 팔공산 촌부는 선별하던 딸기를 미뤄두고 밀물처럼 우르르 들어 왔다가 또 썰물처럼 쏴 빠져나가는 로컬팜까페8062 손님들 맞이로 분주한데 추적추적 겨울비가 내린다.
 설 연휴의 끝자락인데 어제부터 내리던 비가 그치질 않는다.
 전례 없이 따뜻한 겨울이라고 이구동성이지만 팔공산 촌부는 기대했던 겨울농사가 진딧물과 응애, 잿빛곰팡이, 흰가루병 등으로 애간장을 녹이고 딸기 출하량마저도 급감했다.

雨 心

마음의 빛을 잃고 비가 젖는다
무너진 가슴에 고인 슬픈 기억으로
늘 버려야 하는 나의 이름이여!

시간의 사다리는 자꾸만 부러져 내린다
앉은뱅이가 되어 하늘만 보다가
근본이 모자라서 부서지는 아픈 음률

욕심마저 잃은 마음 사이로
창가에는 너의 우울이 흐른다
도난당한 웃음에
말마저 가두어버린 무언
동그라미만 그리는 몸짓으로
떨어지는 한밤의 낙숫물 소리

쌀쌀맞은 겨울비는 내 맘을 아는지? 모르는지? 창틀에서 사선을 그리고 있다.

무엇을 지우는 걸까?

실농한 촌부가 이상기후와 연말연시 바쁜 행사 등 이런저런 핑곗거리로 게으른 마음을 감추는 것처럼 겨울비가 카페의 창틀에서 시선을 긋고 있다.

사선! 사선?

그렇다. 사선의 의미는 연필로 사선을 긋는다는 것은 지운다는 것이고 지운다는 것은 곧 포기를 의미하는 것으로 알고 있었는데 법륜 스님은 강연에서 포기는 애초부터 없었다고 했다. 자신의 능력이나 자질에서 얼토당토않게 지나친 욕심으로 빚어진 야심과 기대, 목표를 설정했기 때문에 시작도 하지 않거나 중도에 그만두는 것이지, 자기 자신의 능력과 자질에 맞는 성공 가능한 목표와 꿈을 가지고 꾸준한 수련과 노력으로 실력을 쌓아서 마침내 목적과 꿈이 성취되면 또다시 점진적인 목표와 꿈을 설정하고 지속적인 수련과 노력을 하면 포기란 없는 것이라 했다.

겨울비가 내리는 창가에서 커피 한 잔 손에 들고 이순의 인생 노트 펼쳐보니 아직 잉크도 마르지 않은 사선 하나가 눈에 들어온다.

촛불이 들불처럼 일어날 때부터, 아니 '우리도 한번 잘살아보세' 하고 두 팔 걷어붙이고 새마을 깃발 아래로 모였을 때까지는 숨어 있었는지는 모르겠지만 언젠가부터 조선시대 사색당파처럼 정치가 보수와 진보로 양분하고 국민이 두 쪽으로 갈라졌다. 더 정확히 말하면 서초동과 광화문으로.

대한민국 헌법은 하나인데 각기 다른 고무줄 잣대로 극히 공정하고 공평하지 않은 정부는 검찰과 법원이 권력의 힘으로 대한민국 백성들을 조롱하고 있다. 국민은 백성이 아닌데 말이다. 검찰과 법원이 난타전을 벌이고, 청와대가 임명한 검찰을 청와대가, 여당과 야당이 이전 투구하는 TV를 꺼버린 내가 선거철이라고 망둥이처럼 날뛰려다 긋는 사선은 아니다.

다만 국회의원과 보궐선거로 시의원, 구의원을 선출하는 이번 선거에 우리 지역 대구 동구의 농업·농촌을 제대로 이해하고 기획할 역량을 가지고 있는 사람이 부족하다는 것이 안타까울 뿐이다.

한 모금 머금은 커피에서 구수하게 풍기던 커피 향은 어디 가고 커피의 쓴맛이 입안에 한가득이다.

전문적인 지식과 추진기획은 중간조직의 도움을 받을 수 있겠지만 자본력도, 생산노동력도, 역량도 없는 것이 농업·농촌의 현실이다.

농업의 6차 산업화도 그렇고 마을공동체사업 역시 1차 산업 즉 농산물 생산 없는 사업은 사상누각일 뿐이다. 그런데 모두들 농업을 먹거리 생산기지나 식량 주권을 배제하고 농업의 다원적 가치와 관광 및 6차 산업화에 열변을 토하며 농업·농촌의 구조를 정비하는 정책과 지원으로 시스템을 구축하려 한다.

우리나라 농업농촌의 경제구조 역시 우리나라 전체의 경제구조를 판박이 한 형태 그대로 0.5ha 미만~1ha 미만 농가가 전국(2016년 기준) 농가의 70%이며 경작하는 농업(재배업)에서 기르는 농업(축산업)으로 노동집약적인 농업에서 자본집약적인 농업(첨단 과학영농)으로 변화하고 있어 많은 농업인들이 농산업의 낙오자로 전락하고 있다. 초고령화로 생산 노동력을 상실한 텅 빈 농업·농촌에다가 은퇴하는 베이비부머들에게 낭만을 부풀리고 들뜬 희망을 심어서 귀농과 창농 지원정책으로 귀농·귀촌을 손짓하며 껌값도 안 되는 농민수당과 강소농 교육으로 늙은 농업인을 다그치기보다는 양질의 농부를 양산하는 농부교육 시스템을 구축하여 농산물생산력을 근본적으로 복원시켜야 할 것이다. 그런 다음에 로컬푸드와 친환경농업의 한계를 뛰어넘는 지자체나 마을 단위 집단농장과 협업농장을 설립하여 소비자 맞춤형 농업(관광, 치유, 힐링, 교육, 급식 등)으로 계획 생산하는 농산업 구조로 개선하여야 할 것이다. 이런 생각들을 가슴속에 담아두고 끙끙 앓다가 혼자 감당하기 힘들어서 끄집어내어 로컬팜까페8062 디딤돌 삼아 밑그림 그리려고 후보등록을 두드리니 지연, 학연, 인맥으로 얽힌 장벽이 생각 없는 감투가 좋다고 극구 말린다.

조직으로, 시스템으로 살아가는 사회에서 한 사람의 생각은 녹아들어 잦아들어야지 모나면 정을 맞는다고 할 때마다 그 사람의 생각이 마중물이 되어 더 많은 사람들에게 생명수가 될 수도 있다고 항변했지만 결국 내 손으로 사선을 긋고 지워버린(찢어버린) 입후보신청서였다. 그렇게 촌부의 노트에 남겨진 잉크 자국이다.

운명은 주어지는 것이 아니라 운명을 극복하는 것이라고 믿고 살아온 내가 육십 평생 살아온 경험식에 빠져서 자신을 착각하였는지도 모르겠다.

하지만 과욕인지 몰라도 혼자는 할 수 없는데 그렇다고 주저앉아 있을 순 없고 함께할 인재도 역량 있는 조직도 시스템도 갖추지 못했으니 지원정책 끌어내어서 우리 농업, 우리 지역 농업·농촌의 내일을 위하여 지혜펀드를 모으는 마중물이 되고 싶은데 하루가 바쁘게 농업·농촌은 늙어만 가니 내 마음도 그렇게 따라 늙어가는 것만 같다.

오늘따라 창가에 사선을 긋는 겨울비가 헌법 위에 군림하는 뗏법인 양 이 겨울에 하염없이 철없는 울음을 울고 있다.

나도 철없던 시절로 돌아가 떼쓰고 싶다.

춘설

오늘이 춘분인데
겨울의 앙금이
봄꽃의 시샘으로
춘설이 되어 쌓였구나

얼마나 아플고
그 얼마나 서러울까
꽃망울에 앉은 눈물 한없이 흘러도
약동하는 만물의 뜻
막을수 없는 봄날인 것을
한울 곽해묵

동그라미

형상 없는 빛으로
푸른 뜻 빚어놓고
바람에 마음을 심은 인생인데
거울에 담은 향기
전부인 양 알았더니

시작도 끝도 없는
동그라미이었으라

귀농별곡

귀농 별곡

따사로운 가을날에　들국화를 헤집어서
눈둑길에 걸터앉아　팔공산을 바라보며
귀농하던 그날처럼　흙이묻은 소맷자락
구슬땀을 훔쳐내고　고개들어 바라보니
민바우에 공산터널　시원하게 트여있고
팔공산의 장군봉이　굳센정기 자랑하니
소원비는 갓방구는　저멀리서 미소짓네
정겹구나 동네전경　발아래에 펼쳐있어
팔공산의 골짝골짝　매해마다 묻은사연
타임캡슐 터뜨리듯　아린가슴 저려온다
무서리가 차갑던날　수경농장 건설장에
중장비를 들이려니　내땅일랑 밟지마소
마을사람 길을막네　손사래로 마을텃세
야속하고 까탈쿠나　앞다투어 탈농인데
연고없는 타향귀농　어처구니 없다면서
비웃음에 조롱이네

마른하늘 날벼락에 　풍비박산 처가식구
장모처남 한꺼번에 　교통사고 북망산천
허겁지겁 발품팔아 　동분서주 사고수습
애절쿠나 우리장인 　내모신다 하였더니
처가재산 넘본다며 　처삼촌이 원수되고
의이좋든 동기간이 　욕심많다 등돌리니
의이없는 의심속에 　따돌림의 외톨이로
독불장군 되었더라 　육십평생 해온일이
농사밖에 없는지라 　장인안정 시키려고
집잡히고 땅잡혀서 　수경농장 건설계약
하였더니 우리장인 　오지않고 부도맞은
한국수경 어쩔거나 　속았구나 협잡군들
사기꾼에 노심초사 　속끓이며 코뚜레에
황소마냥 이리저리 　끌려가며 속고속아
부실공사 하자온실 　되었으니 단한번의
돌개바람 휘청하며 　수경온실 쓰러지네
우여곡절 넘고넘어 　한울수경 건설하여

이름지어 놓았더니　상처많은 우리장인
마음마저 날아가고　내발목을 내가잡고
가시밭길 가는구나　구심점을 잃었으니
갈팡질팡 하고지고　수렁속을 헤매는데
등돌리고 돌아서서　외면하며 매정터라

▲ 공산친환경농업지구 내 자운영경관농업지구

과학영농 앞세워서　유기농업 한답시고
이할오푼 대출받아　구천팔백 농장건설
늙은어미 끌어들여　채소농사 하였는데
판로없어 막막하니　숙기없는 내향성격
막걸리를 들이키고　밀려드는 행락차량
거리행상 나갔더라　괜한직장 팽개치고
이고생이 웬말이냐　땀에찌든 옷소매로
눈물짓던 늙은어미　못난자식 애처로워
채소행상 길나서니　늙은부모 갚아먹는
갈가마귀 네아니냐　형제간에 욕을먹고
불효자식 되었구나　노랑방울 토마토를

생산하여 백화점의　　진열대에 올려놓고
허울좋은 거래실적　　대출이자 늘어나네
채소행상 만든아내　　고단하게 옭아매며
그리저리 짓은농사　　청고병에 역병으로
죽어가는 토마토를　　부여잡고 통곡하니
늙은어미 달려들어　　울음바다 되었더라
자금회전 빠른작물　　특수야채 무농약의
생산계획 새로세워　　소포장에 직거래로
판매전략 바로세워　　토마토를 걷어내고
수경시설 뜯어고쳐　　채소농사 할라치니
땡전한푼 없는손에　　늙은아비 쌈짓돈을
훔쳐오듯 앗아오니　　나이사십 다된놈이
그돈오백 융통못해　　조상님전 상석할돈
그돈마져 가져가냐　　아버지의 그말씀에
눈물먹인 일자상서　　잠시잠깐 융통타가
얼른갔다 채우겠소　　어린자식 세벳돈을
알겨쓰고 모자라서　　끼니없어 주린배를
허리끈에 졸라매고　　별을보고 밭에나와
뒤를보니 벼랑이요　　옆을보니 천길같은
낭떠러지 할수없어　　눈가리개 경주마로
앞만보고 달렸더라　　자존심을 팽개치고
이름석자 구겨넣고　　친구모임 단절하고
두세시간 잠을자며　　특유야채 생산하여
미나리와 상추봉지　　옆구리에 끼고들고
가가호호 방문하며　　슈퍼마켓 파고들어

리콜판매 하고나니   심야에야 집에드네
담보잡은 대출통장   밑구멍이 빠졌는지
대출내어 이자갚고   밑돌빼어 윗돌고며
지독시리 처먹더니   어지간히 먹었는지
한숨한번 돌렸는데   내리삼년 하천범람
재산손실 얼마던고   의이없고 한스럽다
신세타령 절로나네   가진능력 없는놈이
조롱하는 동네사람   웃음거리 면하려고
남만큼만 하여서는   꽁무니도 못갈테니
불철주야 노력하며   품질관리 철두철미
언론활용 홍보전략   소비자에 심은믿음
한울수경 명성으로   백화점에 초청받아
직판장을 열었더라

▲ 소포장된 한울수경 친환경농상품

마을주민 교육시켜   작목반을 만들어서
애로사항 개발혁신   냉장설비 갖추어서
콜드체인 준비하고   후계농민 자금받아

부실온실 보강하고　재배면적 확장하며
매장확보 일취월장　동구청장 추천받아
대형유통 입점하니　기존업체 텃세부려
필적사생 노력하여　향토농가 강조하며
내자리로 만들어서　한시름을 제쳐놓고
허리한번 펼치려니　마른하늘 벼락맞듯
흑심많은 못된인간　작목반을 배신하고
이박삼일 계략회의　의기투합 못된흑심
공들여서 키운매장　날로먹자 달려드네
지역농협 방패삼아　대응책을 찾을때에
자격미달 못된인간　농관원서 퇴출되어
쉬쉬하고 감추더니　흙살림에 이적터라
그러고도 모자라서　시기질투 앞세워서
농림기관 쏘다니며　유언비어 모함하니
억울하고 기가막혀　변명조차 가치없어
미친개야 짖던말던　대귀없이 뿌리치고
흐트러진 작목반을　추서리고 다독이며
생산터전 농장확장　농림기관 도움없이
날로날로 성장일세　외국차관 견학오고
귀농학교 연수생이　줄을지어 배워가니
오해풀린 동기간들　말문열고 다가오네

정부기관 지원받아　한살림에 진출하며
유통사업 펼치는데　한울수경 걸림돌이
되었는지 협박하며　달성유통 거래처를

빼서려고 모함하고　　투서까지 넣었건만
신뢰쌓은 한울수경　　거뜬하게 버터내니
선진농업 발목잡고　　이리털고 저리털고
꼬투리가 안잡히니　　함정으로 덮어씌워
농관원에 고발하네　　억장마저 무너지고
분통터져 못살겠네　　하늘보고 복장치며
억울하다 발악하니　　태풍매미 불러와서
수경농장 싹쓸었네　　팔년동안 공든탑을
자갈밭에 묻어놓고　　수경온실 간데없이
쓰레기만 쌓였구나　　진흙속에 주저앉아
늙은어미 실신하니　　심장마저 멎었는지
목석같이 굳은감정　　넋을잃은 헛웃음에
울음까지 잃었더라　　한참만에 정신차려
목을놓아 토해내니　　허공속의 헛메아리
지쳐버린 육신에는　　독기만이 서려있네
매장만은 지켜보자　　긴급자금 돌리려고
금융기간 손벌리니　　저리자금 없다면서
가로저어 거절하네　　인생구비 험타지만
이다지도 혹독한가　　막막하고 갑갑하니
좌절마저 사치더라　　협력농가 매달려서
외상으로 돌려놓고　　유통업체 결제대금
때를마쳐 보름으로　　조기수령 숨통틔여
불철주야 뛰었다네　　해남에서 강원으로
과속까지 하여가며　　졸음운전 막으려고
집사람을 태웠더니　　웅크리고 조는모습

안스럽고 애처롭다
눈꺼풀이 천근일세
죽음문턱 넘나들고
이른아침 납품길에
다친사람 전혀없어
이대로는 안되겠다
업무분담 나눠지고
태풍피해 복구하여
동네사람 말씀보소
위안인가 조롱인가

장거리의 야간운전
깜박깜박 졸음운전
뜬눈으로 밤을쇠다
교통사고 일으켰네
불행중에 다행일세
직원들여 역할분담
융자받고 지원받아
새온실로 이사하니
태풍으로 돈벌었다

육백평의 새온실에
가온시설 고장으로
춘삼월의 봄날인데
납품차량 뒤집혀서
산산조각 박살났네
전생업장 여겨가며
철이없는 소안배라
한탄속에 원망늘고
영농조합 조직하여
천오백을 보충하여
잡하장을 건설하고
지역농민 아우러는
내농장을 제쳐두고
열심히도 살았는데

호박농사 하였더니
냉해입어 망했거늘
폭설경보 웬말인가
꾸겨놓은 휴지처럼
악에받힌 오기로다
다독이고 가기에는
시린고통 못이겨서
독기속에 용기난다
기술센터 지원받아
예냉시설 물류창고
유기농업 정착시켜
구심점이 되어보자
농민선도 이끌면서
새벽잠에 비보오네

놀란가슴 부여안고 　마음급히 달려가니
졸음운전 배송기사 　교통사고 크게내고
응급실에 누워있네 　살아있어 다행이라
원주에서 파티마로 　후송시켜 보험처리
사고차량 찾아보니 　폐차하기 직전이라
어찌할까 고민타가 　정비수리 맡겼다네
가을농사 풍년들면 　경영손실 막을거나
기대한번 걸었더니 　매출부진 급락이라
임금주기 급급하고 　태풍피해 정비공사
토지수용 보상비에 　담보대출 하여다가
집사람의 퇴직금을 　중간정산 합산하여
새농지를 구입하고 　새로만든 비닐온실
중국정부 고위간부 　우리농장 방문하고
견학생이 문전성시 　그린벨트 상수원의
보호구역 유기농업 　지구조성 웬말이냐
핑퐁행정 오가면서 　당위성을 설득하며
돌고돌아 우여곡절 　유기농업 지구조성
유치하니 지역농협 　도와주고 동구청이
앞장서며 기술센터 　후원오고 경관농업
관광농업 전산화로 　선도농업 이끌면서
친환경의 농산물을 　학교급식 납품까지
일취월장 승승장구 　매출액이 삼십억원
시기질투 억지모함 　일삼으며 시시때때
발목잡던 못된인간 　회원들에 쫓겨나서
온갖말이 무성터라 　주변시샘 온갖모함

억울해도 참았기에　두귀있어 듣고지고
두눈있어 보고지고　사필귀정 되었구나

구암마을 한복판에　허브동산 꾸며놓고
구암앞들 넓은들에　유채심고 자운영에
봄나절에 꽃축제로　농촌체험 팜파티로
유치원생 외국인을　죄다불러 모아놓고
시끌벅적 어울려서　덩실덩실 더불어서
관광농업 장을열고　유기농업 선도하니
대구농업 귀감되고　신지식인 농업인장
표창받고 오해벗고　인정받아 내의자를
세웠더니 전국방송　지방방송 매해마다
매스콤에 농민스타　되었더라 귀농생활
경험담을 출간하고　영호남을 쏘다니며
성공사례 귀농교육　자부심과 자존감에
잠재적인 범죄자로　감시받는 눈초리를
금지로서 달래가며　지속하는 유기농업
주경야독 학위받고　삼천평의 비닐온실
일세대의 스마트팜　팜까페를 이루었네
살기좋은 유토피아　청사진을 그려보니
팔공산이 덩실덩실　아침햇살 정기받은
갓방구가 미소짓네　우리모두 희망차게
두손잡고 박수치며　팔공산의 사랑노래
크게한번 불러보세

봄비

따뜻한 눈물도 있고
뜨거운 눈물도 있고
비수보다도 더 아픈
눈물도 있는데
움트는 새싹의 꿈에
뿌린 된서리의 심술이
오늘은 농부의 슬픈 눈물로
내일을 심는
봄비 되어 오시네!

귀농(歸農)

화사한 봄날의 가슴 찡한 기억을 담아
방향 잃은 교차로에서
천둥이 하늘을 덮은 역병으로
바람의 갈채를 받으며 무던히도 자라서
고개 숙이는 결실의 계절
철없는 향연 두엄 냄새에
하늘거리는 인심의 꽃으로
너는 기적이 되어 울고
나는 메아리 되어 돌아오는구나

백목련

얇아진 바람에
시린 계절을 차고 나온 첫정으로
순백의 속살
나신이 부끄러워 수줍은 웃음
그윽한 향기의 눈빛으로
단아하게 뜰악에 앉은
내 사랑 백목련

06 옹 이

옹이는 나무줄기(樹幹)조직이 성장함에 따라 나무의 몸에 박힌 나뭇가지의 그루터기나 그것이 자란 자리를 말한다. 이는 목재를 가공할 때 반발(反發)하거나 또는 이용할 때 결점(缺點)이 되기도 한다고 사전에서 말하고 있다.

이렇듯 옹이는 판자나 각목 같은 목재로 가공될 때에는 아주 치명적이다. 하지만 비틀리고 가지가 잘려서 많은 상처를 옹이로 삭힌 관상수나 정원수, 또는 분재로 가꾸면 더할 나위 없이 우아한 매력적인 포인트가 되기도 한다. 특히 괴목탁자나 예술작품으로 승화되었을 때는 귀한 대접을 받기도 한다.

굽은 나무가 선산을 지킨다고 했던가요? 효도하고픈 어리석은 생각으로 우직하게 자긍심과 자존감으로 농부가 되어 26년을 과학영농 배워가며 친환경농업 확산, 친환경농업지구 조성, 시설하우스 개선 및 생력화사업, 농산물의 상품화, 규격화, 리콜제도 도입, 농촌체험 학습과 농촌관광 농업 등 많은 농업의 곁가지를 치면서 도시민의 웰빙과 건강한 먹거리로 친환경 유기농산물의 생산과 유통을 해오면서 다시금 실속있는 농업이란 화두 속에 대농과 소농 사이에서 고심이 쌓이고 있다.

제값을 받으려고 시작한 농산물유통이 매출의 규모화를 이루기엔 농촌의 고령화와 근교농업으로 한계를 극복하기 어렵고 또 스마트팜으로 도전하기엔 부실한 자본력과 용기도 부족하다. 그렇다고 지금까지 차별화 농업으로 곁가지를 치고, 자르고 다듬어온 농사로 이룬 화려한 옹이 농업을 엮어서 농업의 6차 산업화로 종점을 찾기에도 지역의 제약과 법률적인 한계와 마주친다.

숲을 가꿀 때는 어떤 목재로 키울 것인가에 따라 수종과 재배법을 선택해야 하는 것이 당연하듯이 귀농이나 창농 역시 계획적인 영농 즉 작목선택과 생산방법 그리고 포적시장에 맞게 영농이 설계되어야 하지 않겠는가?

멘토도 없이 맨주먹으로 마른 땅에 헤딩하면서 영농을 시작하고 조금씩 보태고 늘리면서 그때그때 사항과 여건에 따라 대처하고 적응하면서 농장을 키워왔기에 실속보다는 외형이나 대외적인 이미지를 중시했었다. 차별화라는 곁가지 농업으로 박힌 옹이들이 화려한 형상으로 돋보이기도 했다. 그렇게 26년간 쌓아온 시간들이 팔공산 친환경농업을 보는 관점에 따라 각도와 방향에 따라, 적당한 원근감으로 어떻게 보느냐에 따라서 때로는 화려한 문양이 되기도 하고 아리디 아린 옹이가 되기도 했다.

2020년 세상은 코로나19로 잃어버린 시간이 되고 말았다. 사회적 거리두기, 언텍트 시대라는 생소한 단어를 만들고 쑥대밭 세상을 만들어 놓았다. 평범한 일상이 행복이 되는 사회로 가고 있다. 썩은 왕관이 춤추는 지금의 사회는 관광산업과 체험관광농업에는 치명타를 안기고 배달업은 급신장으로 과로사를 달리고 있다.
 앞으로 농업은 어디로 펼쳐질 것인지? 예측이 아련하다. 스마트팜, 농촌교육농장, 체험농장, 치유농업 등 또 배우고 익혀서 수료증과 자격증을 갖추어야 할 과제도 많다. 작년 연말에 오픈한 로컬팜까페8062가 15년 전 한 번의 실수가 지울 수 없는 뼈아픈 옹이로 발목을 잡았던 것처럼 나의 농업에서 걸림돌이 되는 옹이가 아닌 돋보이는 문양의 옹이로 탄생할 수 있게 치유라는 색깔을 입혀봐야겠다.

침묵의 거리

겨울나무 가지에
매달려 울음 우는 바람처럼
쌀쌀한 냉정함에 떨면서도
나른한 의욕으로
낯선 거리를 초라하게 걸어본다

사무친 그리움에
갇혀서 굳어버린 망부석처럼
희망한 확신마저 상심하고
고독한 외로움으로
침묵의 거리를 혼자서 걸어간다

인연의 끝자락을
놓지 못한 따사로운 봄날처럼
고운 너의 마음을 담아서 새겨놓은
나약한 욕심의 끈으로
의지의 거리를 걸어가련다

이방인

계절이 벗은 껍질로 아직 잔설인데
가슴 벌려서 햇살을 품은
따스한 마음에 돋아나는 남녘 하늘에서
연둣빛 바람이 분다
미처 간직하지 못한 서투른 몸짓이
잊혀진 기억으로 아련한 아쉬움을 묻어서
빗나간 그리움은 차가운 인심을 빚어놓는다
서성이는 빈 그림자 꼬리에
발목이 잡혀서 떠날 수 없는 사람
그 이름 이방인

들국화

있는 듯 없는 듯
버려진 듯 가꾸어진 듯
척박한 길모퉁이 엷은 미소로
내 마음 달래던 너
얄밉도록 맑은 가을 하늘을 받쳐든
들국화가 너무 곱다
이런 가을 날엔
붉게 물든 마음 가을 바람에 얹어서
원족 떠나는 단풍잎처럼
가을 타는 남자는
첫사랑의 꿈을 찾아가고 싶어라

07
엄마의 아픈 손가락

 우리 엄마, 어머니의 고향은 견훤의 군사와 대치하던 어견(고아읍)에서 낙동강 건너 동편 고려군이 임전무퇴를 외치며 진을 친 여진, 선산군 해평면 낙산리다. 그래서 택호가 여진댁이다. 19살에 고개 넘어 말리골로 시집와 늙은 병사로 칠대 외동 외아들 아버지를 한국전쟁 휴전과 함께 군에 보내고 시아버지 사랑을 믿고 살았는데 무거운 등짐이 힘들지만 중간에 쉬면은 다시 일어서서 못 올 것 같아 급한 오줌을 참아서 심부전증에 걸린 시아버지 병 수발과 생활고를 겪으면서 가정을 이끌었다. 대대로 선산 읍내 대부호로, 지역의 호족으로 내노라 하다가 멸문지화에 가까운 몰락한 가문의 며느리로 들어와 겉보리 서말에 서포살이로 시집살이 시작하였지요. 그렇게 많던 서책들을 처마 물에 썩어서 가슴에 담은 한을 삭히며 야학으로 배운 한글을 꾸지람들어가며 새벽에 쇠죽 끓이는 부엌에서 아버지

에게 한글을 가르쳤다지요.

그렇게 강인했던 어머니는 국가로부터 훈장을 수여 받은 공직자와 지역사회에 역량 있는 리더로 두 명의 박사 아들을 길러냈건만 당신의 마음은 세월에 속고 꺾이고 무뎌진 탓일까? 아니면 그 지난 기억을 아픈 추억이 아닌 자긍심으로 소환한 것일지도 모르겠다.

추석 차례상을 미루고 식탁에서 이어진 어린시절 유난히도 잔병치레가 많았던 오 남매 중에서 셋째였던 내 이야기가 쏟아졌다.

그 당시 동네 일을 도맡았던 이장들의 횡포와 실수로 출생신고는 막냇동생이 태어나고서야 아버지가 역순으로 정리하였고 젖배를 곯고 영양실조로 네 살이 되도록 걸음마를 못해 할머니가 건네준 다듬이 방망이로 걸음마를 배우고 화롯불에 할머니가 구운 인절미로 입맛을 회복하여 뱀 허물 벗듯 건강을 회복하였다네요.

지금이라면 말도 안 되는 이야기지만 잔병치레로 초등학교 1학년 과정을 90일 수업도 채우지 못해서 유급을 당해야 마땅한데 아버지 친구인 담임선생님의 특별한 배려로 2학년에 승급하였고 담임인 손 선생님의 혹독한 단속에 힘입어 부반장, 급장, 중학교 전교학생회장까지 진출하면서 가난한 부모님의 기쁨과 자랑거리로 나의 학생 시절은 절정이었나 봅니다. 경제적으로나 실력으로는 감히 넘볼 수 없었던 서울 쪽 대학입학의 1차 시험 낙방과 방황 그리고 울산에서 10.26과 5.18 데모와 최루탄에 얼룩진 대학생활 그리고 치질 수술이 아물기도 전에 군 입대를 하였고 상병 18호봉에 단기하사로 차출되어 한탄강에서 12월부터 3월 초까지 한겨울 혹독한 하사관 훈련으로 동상에 발가락을 절단할 위기까지 겪었으며 32개월의 군 복무를 마치고 자부심과 자긍심으로 시작한 사회 첫 직업 환경관리사는 자괴감에 시달려야 했다. 더 이상 범

죄자가 되기 싫어 과학영농인 수경재배로 친환경채소 농사를 시작하였는데,

 태풍 매미로 초토화되면서 어머니 가슴에는 평생 지울 수 없는 아픔으로 남게 되었다. 이고 지고 행상으로 못난 막내아들을 돋던 엄니는 기력이 떨어진 지금, 애달픈 마음에 푸념이 쏟아진다. 태풍 힌남노가 포항과 경주를 아작을 만들었다는 소식에 귀머거리가 된 듯 어머니는 그냥 내가 아픈 손가락이란다. 90 평생 우리 엄니 기억엔 난 아직도 젖배 곯고 잔병치레가 많아 가엽고 애달픈 아들 그래서 미안하고 애석한 어린아이로 가슴에 남아 있나 보다.

엄마별곡

어느날에 태몽으로　　아삼하게 스며들어
가랑비에 옷젖듯이　　죄도없이 맺은인연
가짐가짐 조심조심　　애태우던 산고끝에
애지중지 노심초사　　오줌받은 행주치마
아궁이에 말려가며　　뿔난자식 잘되라고
두손모아 빌고빌어　　한숨가득 염원인데
난도질에 아픈모정　　상처만을 남겨주고
눈물먹은 마음속에　　행여하며 간절함에
조마조마 우리엄마　　모질게도 속고속여
갈기갈기 썩힌속을　　어설프게 익힌식견
그빈속을 어찌알리　　허겁지겁 다가가니
어디까지 흘렀는지　　세월만이 바삐흘러
검버섯핀 황혼이라　　미소짓는 그얼굴에
골골마다 패인사연　　모두모두 나의죄업
무엇으로 씻으리까?

어머니

꿈 속에 맺은 인연으로
저린 가슴 놀란 마음 눈물로 재워두고
소설 같은 인생살이 서리서리 감아서
정월 보름달에 소지 올리며
속은 세월에 희망을 품고
정안수 한 사발에 북풍한설
동짓달 긴긴밤을 맨발로 달려 나와
파란 하늘에 눈꽃세상이 엄마 품으로 너무 좋은데
속 파먹은 고사목이 울 엄니 닮았구나

08

풍선효과와 아날로그 농업

|아날로그의 추억|

알파고와 조훈현 기사의 대국을 생중계하던 날 나는 내심 주산(주판) 고단자(암산가)와 전자계산기(calculator)의 4칙 연산 경연대회를 하던 그 때 그날의 기쁨을 기대했었다.

지금은 괴물이 되어버린 그놈과 첫 만남은 그랬다. 그때가 1979년 어느 봄날이었다.

학우들이 컴퓨터가 그린 그림이라며 신기한 보물인 양 내게 자랑을 했다. 같은 단어를 여러 번 나열하여 다보탑을 그린 그림인데 신입생들에게 대학 도서관에서 준 선물이라고 했다. 신기하다는 생각에 달려간 학교 도서관에는 장롱보다 큰, 아니 집채만 한 IBM컴퓨터(함수 전자계산기)가 신기함을 자랑질을 하고 있었다. 내 생애 처음으로 컴퓨터와 만남은 그렇게 이루어졌다.

그리고 필수 교양과목으로 fortran(전자계산) 프로그래밍을 배우게 되었다. 그런데 일상에서 많이 쓰고 있는 10진법 또는 12진법, 60진법이 아니라 모든 과정에서 단순한 2진법으로만 진행되는데 빠르고 정확한 해답을 찾을 수 있었다. 그때는 전자계산기에 불과했던 컴퓨터가 4세대 컴퓨터를 거치면서 지금은 전자밥솥에서 농기계와 스마트팜뿐만 아니라 슈퍼컴퓨터 AI(인공지능 컴퓨터)로 발전하여 우리 일상 속 깊숙이 스며들어 생활의 도구가 되어 버렸다.

|디지털 시대와 2진법 사회|

 우리 사회는 언제부터라고 딱 잘라 말하기는 어렵지만 먹느냐 먹히느냐 하는 치열한 경쟁의 자본주의를 쫓아가면서 오직 일등만 있고 이등은 꼴찌와 동일 시 하는 경향이 나타나기 시작했다. 보릿고개를 물 한 모금과 초근목피로 넘었던 베이비부머세대는 물불 가리지 않고 아무 일이든 돈만 벌 수 있으면 뼈가 부러지게 일하면서도 노동의 가치를 멸시하는 사농공상의 사상으로 공무원 되라고 자녀에게 주입하며 고등교육에 헌신했다.

 하지만 황소같이 일만 했어도 살림살이는 늘 마냥 그 자리인데 금수저 VS 흙수저, 캥거루족, 7포족 등등 나열하는 취준생 자녀 앞에 못난이로 그냥 미안해서 고개 숙인 가장이었습니다.

 기회는 균등하게 과정은 공정하게 결과는 정의로운 사회를 만들어 준다던 정치는 특목고, 로스쿨, 의전대, 등 아빠 찬스와 엄마 찬스 다 써먹고서는 사다리 걷어차고 내로남불 하고 있으니 진정한 보수도 정의로운 진보도 아닌 그저 집권한 자와 권력을 되찾으려는 자들의 패싸움일 뿐이다.

 그뿐인가 부마항쟁으로 탱크가 캠퍼스를 점령하고 내려진 휴교령은 10.26사건과 5.18 광주항쟁, 12.12사태 등 줄줄이 엮어놓고 최루탄으로 얼룩진 배움이 남루했던 우리네가 논술을 익히고 정확한 컴퓨터로 학습해서 다져진 작금의 디지털 세대보다 지식과 안목이 부족할지는 몰라도 꿈과 비전을 갖고 한강의 기적을 이룬 '하면 된다'는 불굴의 철학이 꼰대로 폄훼되는 건 더 슬픈 일이다. 복지란 미끼로 미래 세대를 담보로 책임감 없이 오늘의 작은 욕망을 채우며 세대 간 계층 간 갈등을 부추기는 것도 모자랐나 보다.

디지털 세대는 2진법의 사회를 펼쳐놓고 고무줄대로 내로남불의 카드를 뽑아 흔들고 있다.

|사상과 생활을 점령한 컴퓨터사고 2진법|

코로나19(우한폐렴) 31번 감염자 대구 신천지는 대구를 공황상태로 빠뜨렸다.

급기야 모 작가는 보수 꼴통인 대구는 선거를 잘못해서 우한폐렴의 팬데믹이 되었다고 폄훼를 했다.

'대구 코로나.'

'대구 봉쇄.'

'국난극복이 취미인 나라.'

'참으로 이상한 나라.'

'대구형 방역모델.'

그렇게 대구는 시민 스스로 자가격리로 두문불출한 지 두 달쯤에 21대 총선에 전 지역에 민주당 후보를 출마시켰고 30%대로 지지를 했었다. 그러나 지지율 5%도 기대할 수 없었기에 통합당은 후보조차 한 명도 출마시키지 못한 곳에서 민주당은 100% 당선으로 철옹성을 과시했다. 그에 반해 평균 득표율 50%도 안되는 지지율로 통합당을 살린 대구는 토착왜구들의 세상이니 일본에다 버려야 한다며 권력을 기웃거리는 교수와 그 추종자들은 대구시민을 쓰레기로 매도했다.

49.9%의 득표로 민주당은 180석을 얻었고 44.1%의 득표율에도 103석밖에 얻지 못한 통합당이다. 어쩐지 다양한 의견과 생각을 자유로운 민주적 방법으로 하나의 의사결정으로 도출하고 각양각색의 개성을 존중하는 민주주의 사회보다는 그들의 일당체제 사회주의 국가를 이루지 못한 한풀이로 느껴진다. 빠르고 명확한 디지털과 컴퓨터에 익숙한 제2의 베이비부머 그들이 주역이 되어버린 이사회는 궤변의 논리를 앞세워 0과 1밖에 모르는 컴퓨터 2진법(내 편 아니면 나쁜 놈. 생각 같으면 내 편, 상대방은 미친놈. 토착왜구, 심기가 불편한 기사는 가짜뉴스 찌라시다.)으로 '예, 아니오'로만 아주 단순하게 간편하게 빠른 판단으로 세상을 한 방향으로만 읽어가는 것 같다.

그렇게 디지털시대 2진법으로 세상은 인공지능사회가 되어버리고 있지 않은가? 지난 세월에 청춘을 받치고 내심 감사를 기다리는 부실함으로 현실에 적응하지 못한 미숙아가 되어 낡은 아날로그 10진법(주산)의 미련만 만지작거리고 있는지도 모르겠다.

| 농업의 발전과 풍선효과 |

스스로 자가격리하며 갑갑한 칩거생활이 3달이 지나고 있다. 그놈의 왕관(코로나19)이 나타나기 전까지만 해도 평범하게 누렸던 일상이 진정

한 행복이란 걸 몰랐다.

우한폐렴이 신천지에 등장하면서 감염자가 급속히 확산되고 1만 명 넘었다. 개학은 연기에 연기를 거듭하더니 코로나가 태평양을 넘고 대서양을 건너서 세상을 발칵 뒤집어 놓았다.

코로나19가 펼쳐놓은 한번도 겪어보지 못한 세상이 두려움에 떨고 있다. 드디어 국가재난지역으로 선포되었고 경제는 침체되고 특히 단체로 움직이는 여행업계와 소상공인 자영업자들은 경영절벽으로 떨어지고 도심의 거리에는 차량도 사람의 흔적마저도 사라지고 썰렁함만 뒹굴었다.

우한폐렴 코로나19는 사회적 거리, 비대면 업무실행, 재택근무, 화상회의, 교육부는 화상교육(인터넷 교육) 개학을 허락하고 농업인 교육도 비대면 온라인교육을 하고 있다.

경제활동이 언제쯤 정상화 될지도 기약이 없다. 우리나라에서 다행히 코로나19 확산의 진정되는가 싶더니 이태원 클럽으로 2차 팬데믹을 시작한 것이 아닌가 우려를 하고 있다.

농촌의 농장은 코로나로 외국인 근로자를 잃고 체험교육농장은 학생들과 유아원생들의 발길이 끊겼다. 개학이 연기되면서 친환경농산물이 학교급식을 위해 생산된 농산물은 갈 길을 잃었다. 그뿐만 아니라 긴급재난 생계지원금 사용처로 대형마트를 제외함으로써 풍선효과로 대형마트 납품업체와 6차 산업농장들이 피해를 보게 되었다. 그리고 올봄부터 체험관광농장은 개점 휴업상태다. 주말농장으로 시작한 생활농업이 이제는 치유농업과 정원농업으로 발전하고 있다. 그래서 나는 지난해 연말 생활농업에 인문학을 접목한 학습체험관장농장으로 '로컬팜까페8062'를 개업했었다.

그런데 우한폐렴 코로나19로 체험마을인 동네는 하루 방문객이 천 명이 넘었던 마을인데 지금은 학생들의 발길이 끊겼고 관광업계의 폐업으로 로컬팜까페8062는 개점휴업 상태다. 코로나19 종식 이후 나라의 경제활동과 세계의 관광산업은 어떻게 변할지 또 디지털 컴퓨터(2진법 사회) 인공지능은 어떻게 진화하고 농업농촌은 어떻게 변화하고 진화할 것인지 예측이 어렵다.

하지만 또 다른 풍선효과를 기대하면서 인공지능(AI)과 디지털 컴퓨터보다는 아날로그 방법으로 계승발전이 가능한 농업농촌의 전통문화를 찾아보려 한다.

살아남을 수만 있다면.

팔공산 촌부의 생각.

잃어버린 계절

아카시아 향기 그윽한 밤에
돌아누우면 문득 창살이 밝아서
향긋한 별빛이
펼쳐 든 눈이 먼 허공에는
갈피갈피 묻어둔 이야기가 부른다

별똥별 하나 먹고
슬픈 관을 받쳐 든 사향노루처럼
먼-먼 그리움 속의 내 하늘은
서럽게 떠나온 고향이
소 울음으로 잃어버린 계절을 부른다

널 보내야 했던 그 날
읍내장터에서 돌아서는 발길이
차마 이별의 끝을 놓지 못하고
여린 가슴에 네 맑은 눈동자를 닮아서
자꾸만 흐려지는 시야를 주먹으로 지웠다

아지랑이 곱던 언덕에서
찔레 먹던 시절이 미련으로 남아
북서풍 타고 빗발치는 이월 날비에
내어준 두 뺨은
저미는 슬픔을 어금니로 삼켰다

가을날의 귀향

그리움의 빛깔은
달리는 차창 너머에서 흥겹고
동구 밖까지 마중 나온 코스모스와
사립문 앞 강아지는
넉넉한 들녘의 풍요로움에
산촌의 저녁연기는
늙은 촌부의 행복한 웃음으로
피어나는 정화 고향 냄새

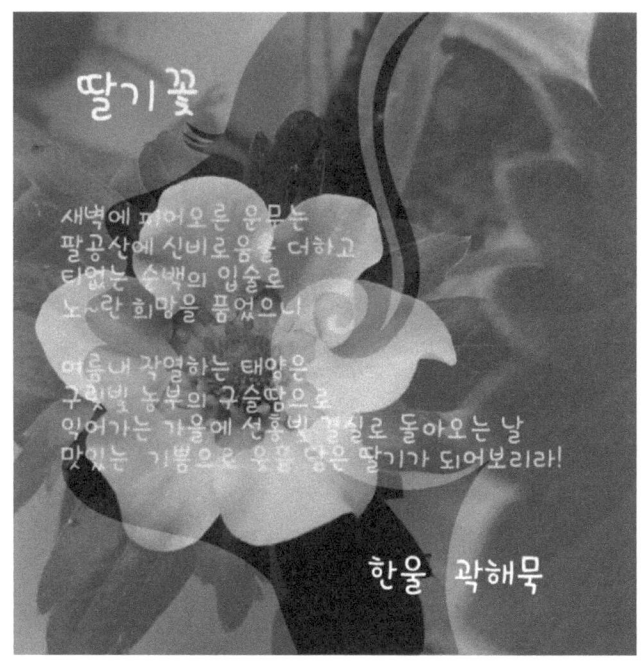

09
농부의 창

|다시 시작한 아스팔트 농사|

검게 그을린 얼굴에 깊게 패인 주름, 그리고 참새들의 놀이터로 어깨를 내어주고 텅 빈 들판에서 허수아비로 허허롭게 웃고 있는 웃음이 농부의 얼굴로 이미지가 떠오를 것이다.

그런데 그런 농부들이 화가 났다.

무슨 대책이 있는지? 아니면 어떤 계획이 있는지도 모르는데 정부는 덜컥 WTO에 개도국 포기선언을 했기 때문이다.

온갖 감언이설로 귀농 인구 50만 명 시대가 열었다고 자랑하던 정부가 수출산업을 위하여 농업을 포기한 것인지? 양보한 것인지는 농부에게는 매 마찬가지다.

오천만 국민 중 이백사십만 농업인은 5%에 불가하니 위정자에게는 가볍게 무시할 수 있을 것이다. 하지만 생존권이 달린 농부는 새벽잠을 설치고 달려간 광화문에서 또 아스팔트 농사를 시작하려 한다.

1990년대에는 통하던 아스팔트 농사가 농업의 6차 산업화를 외쳐온 위정자들에게 지금도 통할까? 그래서 한농연 광화문 집회에 마음만 보태고 대구광역시 농업기술센터에서 주관하는 대

구시농업인연구회연합회 1박 2일 워크샵 참석하였다.

　순천만 국가 정원과 낙안읍성을 돌아보면서 대구농업의 특성을 살펴보고 연구회가 실천할 과제로 로컬푸드 활성화 운동과 지역농산물의 6차 산업화, shop in shop, 맞춤형 농업 등 다양한 의견과 추진 계획을 나누었던 진지한 대화가 허공의 메아리 되지 않기를 빌어본다.

　환경친화적이면서 지속 가능한 농업으로 안전한 농산물을 생산하는 농부가 되어 26년을 줄 곳 맞춤형 농업과 관광농업을 주장했던 농부의 창에 이제 작은 팜까페를 들여놓으려 한다.

　비록 한 농부의 미약한 힘이지만 그린벨트의 많은 규제와 제약을 받고 농업정책에서 소외된 그린벨트 지역에서 농사를 포기하지 못하고 고집하는 도시농부에게 자존감과 자긍심마저 없었다면 식량산업의 농업에서 농업의 새로운 가치관을 발견할 수 있었을까?

　하지만 늘 희생양이 되어 왔던 농업으로는 식량 안보와 국민건강을 보장받을 수 없고 나 역시 어쩌면 변화가 두려워서 혁신의 위험을 감내할 수 없어서 경험식에 의존하는 아집에 집착하는지 모르겠다.

　그래서 그런지는 모르겠지만 정부는 국민건강을 위한 것인지? 농업인을 위한 것인지? 애매모호한 PLS, GAP, 친환경농산물 등의 생산 및 농산물 플랫폼, 로컬푸드 운동 등을 정책을 펼치고 있다.

　그 중에서 GAP제도의 모순을 짚어보자. 2005년 처음 GAP인증제도는 농장에서 식탁까지라는 슬로건 아래 매우 엄격한 심사기준이었던 것이 지금은 농사의 불가역적 또는 편의성을 위해 어정쩡한 제도가 되지 않았나 본다. 어차피 국민의 위생과 건강을 위하여 도입된 제도라면 프랑스처럼 APC에 기능을 포함한 GAP관리시설을 중도매인 또는 산지유통센터, 에이전트들을 이용한다면 농산물도 생산자가 가격을 결정하는 계획농업과 맞춤형 농업으로 경매사들의 장난에 놀아나는 농부의 눈물은 없지 않겠는가?
　대구농업인연구회엽합회 워크샵 중에서 목포 밤바다를 바라는 농부의 창이었습니다.

낮 달

나래 접은 햇살에
헐벗은 몸으로 망울을 남겼다
겨울 가지에

바쁘게 달려온 달빛이
철없이 발아래 졸고 있다
바람 자락에

두고 온 계절이
허전한 넓이만큼이나 맵게 스며온다
기다림이 머문 자리에

곱게 길러온 새벽이
맥빠진 깁실처럼 풀려간다
모진 바람에

희망을 꾸며온 세월이
외로운 공허함에 뜰 아래 내려놓는다
어둠을 마시는 밤에

촛 불

어둠이 발목을 잡고 졸고 있다
소녀야! 합장으로 받치고 무릎 꿇은
소망이 너무 애처롭질 않니?

한줄기 바람에도 부실하게 출렁거린다
소녀야! 고요한 밤 말 없는 침묵은
너무 가혹한 형벌이잖니?

시간마저 멈춘 순간 희망빛이 흐른다
소녀야! 스스로 육신을 태워서 광명을 주고
아픈 촛농을 쌓아가는 살신보시로
담은 기도가 너무 애절하지 않니?

달맞이 꽃

그리움에
지친 기다림으로
밤이 깊도록 소원을 굴려서
영롱한 웃음꽃으로 피었다 지는
달바라기 꽃
월견화가 달맞이 꽃이랍니다

외로움에
아픈 사랑으로
마중나온 달빛이 기울 때까지
애틋한 야심을 노랗게 물들이는
밤의 요정
달바라기 달맞이 꽃이랍니다

제2장

메아리를 찾아서

01

태백산 눈꽃산행

태백산은 백두대간의 중심부로 태백산맥과 소백산맥으로 갈라지는 곳이다. 또 대한민국의 젖줄인 한강과 낙동강의 발원지 황지가 있고 우리 민족의 정기가 서려 있는 곳이다. 정확히 언제부터인지는 모르지만 삼한시대 이전부터 우리 민족은 이곳 태백산 정상에 천제단을 쌓고 단군대황조님께 제를 올리며 국태민안과 태평성대를 빌어왔다.

산우회의 간절한 정성을 모아 민족의 영산 태백산 천제단에서 단군대황조님께 산우회의 화목과 안녕을 빌고 나면 태백산의 정기를 받아 태평한 '즐겁고 신나는 산우회'가 되기를 소망합니다.

금번 1월 산행은 유일사탐방지원센터에서 출발하여 태백사, 유일사, 주목군락지, 장군봉, 천제단, 망경사, 반재, 반재갈림길, 당골탐방지원센터까지 산행 거리 9.31km로 4시간의 산행길이다.

쏟아지는 강원도 지역의 대설특보에 마음 졸이면서 새벽잠을 깨워서 어둠을 달래며 서둘러 왔는데 유일사 주차장은 만원이고 도로변에 주차한 차량의 꼬리가 한없이 늘어져 있었다.

아침을 도시락으로 대처하고 지각한 사람의 기다림이 없었다면 동명휴게소에서 시래깃국의 아침 식사로 허비한 시간을 절약하였다면 인파가 몰리는 피크타임은 피할 수 있었을 텐데….

기념행사도 워밍업도 기념사진 촬영도 없이 무질서한 인파 속에 묻혀서 뿔뿔이 흩어져 유일사탐방지원센터에서 아이젠을 착용하고 11시 15분에 설산을 오르기 시작했다.

태백사를 지나서 산속으로 들어갈수록 짙어지는 눈꽃 상고대는 원색의 빛깔로 특이한 형상들을 조각해 놓고 있었다. 몸은 행렬에 구속되어 느린 발걸음이었지만 눈길은 하늘과 주변 경관에 홀려 황홀경에 빠졌고 입에서는 감탄사가 쏟아졌다.

그렇게 1시간 15분의 눈꽃 길을 걸어 유일사 입구 갈림길에 도착하니 병목현상으로 한 발짝도 움직 수 없는 정체상태로 멈추고 말았다. 다른 팀의 산 대장이 유일사 뒤편으로 지름길 있다며 유일사로 방향을 틀었지만 그 길은 통제되고 있다는 스님의 말에 돌아서야 했다. 한 발짝 옮기고 기다리고 다시 한 발짝 옮겨가며 우리들은 눈꽃나라 설국의 궁전 속으로 빨려들어 가고 있었다. 밤새 겨울요정들이 꾸며놓고 이야기를 만들어 놓은 겨울동화의 설궁이 그곳에 있었다.

▲ 주목군락지 주목상고대

백야(白野)의 원세계(元世界)

백야(白野)의 일모도원(日暮途遠)인데
어디쯤에 가고 있는 줄도 모르면서
힘에 겨운 발걸음
잠시 멈추고 돌이켜 보면
다른 길도 있었건만
구태여 신념(信念)으로 상투를 틀어
세월의 강에 지난 시간을 묻어가며
여기까지 왔는데
늘 만족할 수 없어서
별로 이뤄놓은 것도 없지만
마냥 머물 수 없는 이 자리에
만약(if)을 불러와서
되돌아갈 수 있는 방법도 없는데
그래도 아쉬움이 애걸하는 후회는 없다
아직도 남은 미련의 의지
그 그림자로 백야(白野)의 원세계(元世界)에
꼭 한번은 걷고 싶었던
나만의 유토피아를 그려본다
노을빛에 저물어가는 촌부(村夫)는
그렇게 오늘도
원세계(元世界)의 설산(雪山)을 오르고 있다

점심 식사를 하고 14시에 태백산 최고봉인 장군봉에서 기념사진을 만들고 14시 18분에 천제단에 올라 단군대황조(한배검)님께 삼 배를 올렸습니다. 태백산 표지석에는 기념사진을 촬영하려는 인파들이 북새통으로 무질서가 난무하여 인증샷을 포기하고 당골탐방지원센터를 향해 하산을 하기로 하였다. 가파른 계단 길은 눈에 묻혀서 빙판길이 되었는데 스틱마저 말을 듣지 않아서 게걸음으로 내려서니 죽어서 태백산 산신령이 되었다는 단종비각을 지나 망경사에 도착할 수 있었다.

 망경사에서 반재까지 등산로는 비교적 완만한 내리막길이 반복되고 반재갈림길까지는 나무계단이 군데군데 있었지만 유일사 쪽보다는 눈이 더 소담스럽게 쌓여있었다. 16시까지 늦은 하산완료 시간을 지키기 위하여 걸음으로 재촉하였다. 우리 민족의 시조인 단군님을 모시는 단군성전을 지나 당골광장에 내려서니 태백산 눈꽃 축제를 위한 눈 조각 작업이 한창이었다.
 당골탐방지원센터 제3장 주차장에 도착하여 하산을 마무리한 시간은 16시 15분이었다.
 눈꽃나라 설국의 궁전에 갇혀 행복에 빠진 태백산 눈꽃산행은 기쁨으로 그린 겨울왕국의 여운으로 오래도록 남을 것 같습니다.

겨울 연가

살바람의 아픈 투정
아리도록 고운 눈꽃세상을 펼쳐두고
나란히 찍은 두 발자국 새겨가며
동화 속 사랑으로 살고 싶어
반가운 까치소리에
목을 뽑아 보지만
한겨울밤 문풍지 울음처럼
묻어둔 그리움으로 불러보는 겨울연가

설화(雪華)

맵쌀 맞은 설국의 바람은
운두령 발아래 눈꽃으로 흩어지고

하얗게 잃어버린 고갯길은
돌아앉아 못다 이룬 그리움을 묻고 있는데

동동거림에 멎어버린 공간은
슬픈 시간을 깨워서
눈 맞은 애정이 설화로 피었구나

02 영덕 팔각산

2022년 마지막 날(12월 31일) 영덕군 달산면 주응리 팔각산(628m) 찾아 나섰다. 팔각산과 동대산에서 흘러내리는 계곡물이 합쳐서 흐르는 옥계계곡에 들어서니 고드름빙벽들이 혹독한 추위를 한 방울 한 방울 얼려서 쌓은 하얀 자태로 반갑다며 부르고 있었다. 팔각산은 옥계계곡을 따라 8개의 바위산 봉우리가 연이어 있다 하여 옥계팔봉으로도 부른다.

첫 등산로 입구부터 가파른 철제계단이 험준한 팔각산 등정과 위험한 산길을 예고 하는가 싶더니 곳곳에 철봉과 로프가 설치되어 있고 암벽과 험준한 산세가 오르막과 내리막길이 반복되며 제1봉부터 제8봉까지 이어지고 있었다.

몰아치는 산바람의 매서운 한기도 잊은 채 암벽을 오르고 때로는 로프에 의지하며 암벽을 내려오기를 반복하며 행복에 취하기도 했다.

후들거리는 발길에 가랑잎이 발목을 잡고 늘어졌다. 이렇게 푹신하게 낙엽을 깔아 놓고 내가 오기만 기다렸다면서 누워보란다. 그렇게 몇 번을 미끄러졌지만 다행히 다치지는 않았다.

 척박한 바위틈에 뿌리를 박아 꺾이지 않은 기백으로 냉혹한 환경을 극복하고 삶을 영위한 저 소나무에서 맨주먹으로 일구어온 나의 삶이 투영되어 나오는 것 같았다.
 지나온 상처는 옹이가 되고 견뎌낸 고난은 행복한 추억으로 되돌아본 과거가 아름답듯이 지나온 산봉우리를 돌아보니 아름다움에 감탄사가 절로 나왔다.

 각종 기암괴석과 급경사를 만나고 때로는 암벽을 타는 재미와 스릴을 느끼면서 오른 팔각산 정상에 서고 보니 저 멀리 주왕산이 반갑다고 인사를 하고 있었다. 어렵게 올라온 정상등정이지만 영원히 머물 수 없으니 이제는 다시 내려가야 한다. 세상사 모두가 시작이 있으면 끝이 있듯이 내 삶에서 나는 어디쯤에 가고 있을까?

바람의 연륜

앙상한 겨울 가지에
내려앉은 추위가 새파란 입술로
긴 휘파람을 뽑아내고 있다

동장군 기세에 눌려 감추어야 했던
따스한 마음 한 조각이
사랑의 온도계를 데우는 세미를 알린다

시작과 끝을 알 수 없는
바람의 연륜 속에서 세속에 담은 몸이
속이고 속아온 나만의 시간으로
흐르는 세월에 연륜을 낳는다

제야의 기도

눈 쌓인 빈 가지에
이는 살바람으로 돌아 흘러
늘 부족한 아쉬움으로
향초 불에 타는 제야 섣달그믐

뾰족한 종소리 가슴 저려
두 손 모아 고개 숙이면
새파란 바람에 부서지는
소원이 희망으로 살아온다

03

금산 보리암

 2025년 첫 산행으로 남해의 빼어난 자연경관과 한려해상국립공원의 풍경을 한눈에 담을 수 있는 금산 보리암을 다녀왔다.

 금산탐방지원센터에서 출발하여 도선바위, 쌍홍문을 거쳐 보리암 해수관음보살을 접견하고 금산 정상과 봉수대에 오른 후 다시 보리암 기도처를 거쳐서 복곡지원센터로 하산하여 마을버스를 타고 내려와 복곡제1주차장에서 하차하는 등산일정이었다.

▲ 금산탐방지원센터 등산로 초입

 겨울 날씨답지 않게 포근한 날씨로 조금씩 가팔라지는 등산로에 땀방울이 솟아나고 있었다. 패딩을 벗어 배낭에 걸치고 물 한 모금을 들이키고 다시 산을 오르기 시작했다.

보리암은 신라의 고승 원효대사가 이곳에서 수련 중 관세음보살님을 친견하고 깨달음을 얻어 보광사를 창건하였다 하여 보광산이라 하였는데 조선 현종 때 보광사를 산스크리스트어 '보리'의 뜻은 깨달음인데 이를 따와서 보리암이 되었다 한다. 살아 있는 사람들의 소원을 들어준다는 우리나라 3대 해수관세음보살을 모신 낙산사 홍련암, 강화도 보문사, 금산 보리암이 그 중 하나로 유명하다.

▲ 나무다리를 지나면서 급경사가 시작된다

누군가 틀어놓은 군가에 예민한 반응으로 화를 내는 사람을 보니 탄핵정국에 두 동강이 난 민심을 확인되는 순간이었다. 그 옛날 을사사화 대윤과 소윤의 당파싸움 역사를 엎어놓은 듯한 신 을사사화 내란몰이 탄핵정국은 있는 법도 무시하고 없는 법도 만들어 쓰는 불법과 탈법을 휘두르는 공수처, 국수본, 헌법재판소, 판사와 검사를 등에 업은 야당과 눈치만 보는 여당 국회의원들에게 분노한 20·30 청년들과 보수우파 탄핵반대세력에 기댄 윤 대통령의 사활을 건 투쟁 속에 국민들은 혼란과 경제불황에 허덕이고 있다.

신라 문무 왕비님께서는 왜구들의 침략과 노략질에 시달리는 백성들을 구제하기 위한 간절한 기도 끝에 관세음보살님을 친견하고 남해 용으로 만들어 주기를 간청하였다. 그리고 바다에 몸을 던지니 용으로 변신하여 남해의 용이 되었다 한다. 문무왕은 죽어서 대왕암에 묻혀서 동해의 용이 되어 남해는 남해 용이, 동해는 동해 용이 왜구들을 물리쳐 바다를 지켜주니 백성들은 평온을 찾았다 한다. 그런가 하면 이성계는 이곳에서 100일 기도 끝에 역성혁명으로 조선을 건국하고 왕이 되었으니 그 고마움과 존귀함을 간직하기 위하여 보광산을 금산으로 개명하였다 한다.

▲ 기도처 앞에서 바라본 한려해상국립공원

이렇듯 누구는 백성을 위하여 누구는 개인의 영달을 위하여 삶의 중요한 결정을 앞둔 이들의 기도와 사색의 공간으로 일깨움을 주는 곳이 보리암이다.

도선바위부터는 대구 팔공산 갓바위 길 만큼이나 가파른 급경사로 난이도가 높은 등산로가 보리암의 일주문 같은 쌍홍문까지 이어졌다. 거친 숨소리를 쏟아내며 한 걸음 한 걸음 내딛을 때마다 방울방울 매치는 땀방울을 훔치며 빠져드는 사색은 30년 외길 인생으로 살아온 친환경 농업인 나의 파란만장한 사연이 펼쳐지고 갈등과 혼란, 성과와 실패를 정리하여 수많은 생각 끝에 얻은 깨달음을 소원으로 담아 금산 보리암 해수관음보살님 전에 올려놓고 금산 정상 봉수대에 올라갔다.

▲ 금산 봉수대 위에서

 화려하지는 않지만 수려한 풍광으로 펼쳐놓은 남해 바다 아름다운 한려해상공원은 풍랑을 감추고 있는 평화로운 내일의 희망이 되고 있었다. 선도농업인으로 대구친환경농업과 영농조합을 이끌어 오면서 친환경농업지구 조성사업, 친환경농업인 육성, 각종 친환경농업 지원사업 등 많은 성과를 이루었으나 두 번의 투자 실패로 경영위기에 몰린 영농조합은 500%의 수익을 챙겨서 탈퇴한 조합원들 때문에 나는 빚만 떠안게 되었는데 오히려 자기들이 이용만 당했다며 억지를 부린다.

 나 자신을 희생하며 배신과 탐욕으로 가득 찬 어리석은 농부들을 깨우치고 가르치는 선도 농업인의 길보다 그래도 아쉬워하는 영농인이 있을 때에 농업인으로서의 모든 영농활동은 그만두고 오직 농사에만 종사하겠다는 마음을 보리암 기도처에 놓아두고 부곡지원센터로 내려와 2시간(간식 시간 포함)의 산행을 마무리하였다.

 어쩌다 보니 마음의 안정을 찾아가는 환절기 같은 생의 전환 시기에 또 다른 길과 생각을 일깨우는 이들과 함께 한 을사년 첫 산행길이 되었다.

인생은 여행이다

사랑의 기쁨으로
생명의 씨앗을 품고
여건과 환경에 따른 운명을 담아
사주팔자를 쥐고 태어나

욕구에 희망을 덧씌워서
뜻을 세우고 배우고 익혀서
맑은 영혼에 스며든 사상과 신념은
굳은 마음에 철학이 되고

갈림길에서 망설이다 선택한
울고 웃는 파란만장한 인생여행길 펼쳐놓고
즐거운 추억의 조각을 부여잡고
영원하기를 앙탈 부려 보지만

인생여행은
세월을 넘을 수 없는
과거의 기억으로 남아
역사의 먼지로 지워지는 것

낙숫물

긴 갈증의 가뭄으로
당신을 받아 안기엔 넘쳐버린 기쁨
수마는 가슴아린 바람을 안고
마지막 한방울
똑 딱
동그라미 하나
절망이 떨어지는 소리

이별의 슬픔도 익히기 전에
떠나간 그리움이기에
야속한 마음을 속여서
허염없는 눈동자 허공에 두고
멍든 하늘은 묵언의 몸짓으로
잊혀진 기억에서 들추어 낸
동그란 미소 미운 얼굴

04

쫓비산 매화마을

  영남일보 CEO아카데미 총동산우회 2월 산행은 인근 주민들도 그 유래를 모르는 이름도 특이한 쫓비산 이다. 쫓비산은 형태가 뾰족해 사투리 쪼삣해서 유래했다는 설과 섬진강 푸른 물줄기에 빗대어 맑은 하늘이란 쪽빛에서 유래 되었다는 설도 있다. 북진안 팔공산에서 발원하여 남원과 곡성을 돌아서 구례와 하동을 휘감아서 550리 먼 길을 굽이치며 영호남을 가르고 광양만에서 몸을 풀어놓은 섬진강을 내려다보는 쫓비산은 호남정맥이 끝나는 백운산 동편 산줄기에 솟은 갈미봉 쫓비산 기슭의 매화마을로 유명하다.

  영남일보산우회 2월 19일 쫓비산 매화마을 산행은 소학정에서 출발하여 바람재를 지나서 쫓비산 정상에서 점심식사를 하고 매화마을로 내려오는 3시간 30분 등산을 목표로 하는 산행이었다. 소학정 마을에서 출발하여 차밭골까지는 봄 마중 나온 매화향을 즐길 수 있었다.

매화 향기

생채기에 소금 뿌린 듯
모질게도 긴 혹한 속에
얼마나 응어리진 그리움이길래
선홍으로 물든 핏빛 매향이 천 리 길 반겨주네

시샘하듯 많은 꽃샘추위
가뿐히 웃어넘기고
연분홍 꽃바람으로 봄의 전령사 되어
희망의 봄바람에 매화 향기 기쁨으로 오네

밭뚝에서 정겹게 반겨주는 돌탑들과 인사를 나누며 설레는 마음과 잔뜩 부푼 기분으로 나선 봄 마중은 행복감에 젖어 있었는데 아차 하는 순간 고난의 가시넝쿨 오솔길을 선택하고 말았습니다.

지난 여름날 태풍과 장마에 바람재로 가는 길이 날아갔는지, 산딸기나무와 찔레 가시나무에 묻혀서 바람재로 가는 길은 오리무중이 되어 있었다.

결국 바람재 초입을 찾지 못하고 산 능선 길을 확보하기 위하여 오직 능선을 향하여 오르기 시작하였다. 가시넝쿨 오솔길을 따라 70도에 가까운 비탈길을 오르고 미끄러지며 등산로를 개척하여 뒤따르는 회원 간 안전거리 확보를 부탁했지만 나뭇가지에 스치고 맞아서 상처 입는 불상사도 발생하였다.

허벅지의 고통을 느끼면서 엎어지고 미끄러지는 순간 잡은 썩은 나뭇가지가 부러질 때는 철렁 내려 앉는 놀란 가슴을 쓸어내기도 여러 번 그렇게 가시넝쿨을 헤치고 때로는 작은 산짐승들이 남긴 오솔길을 돌고 돌아 등반 시작한 지 1시간 10분 만에 겨우 갈미봉에 올랐다.

갈미봉에서 몇 장의 사진을 찍고 돌아서 보니 쏜살같이 달아나는 산행 선봉 5명은 불러도 뒤돌아보지 않고 쫓비산을 향해 바람같이 사라졌다.

소나무와 참나무 숲길에 묻힌 등산로는 좀처럼 조망권을 내어주지 않았고 내리막길과 오르막길은 연속으로 이어지고 있었다. 그렇게 애태우던 바람재를 만났을 때는 허탈한 마음과 반가움이 교차 되는 애석함을 삼켜야 했다.

또 얼마를 더 걷고 나니 쫓비산 2.7km 이정표와 함께 반가움으로 내려 앉은 나무계단이 기다리고 있었다. 천천히 계단을 올라서니 앞이 탁 트인 바위전망대가 있었다. 뒤돌아 갈미봉을 바라보니 우리 산우회 회원들이 갈미봉으로 오르고 있었다. 권 부구조대장에게 5~6차례 전화를 했지만 받지를 않다가 겨우 통화를 하고 보니 선봉조가 아닌 본대와 같이 갈미봉에서 점심 식사 중이란다. 황당하고 허탈하기 그지없었다. 선봉과 본대 사이에서 홀로 낙오된 기분이었다.

여러 차례 확인통화로 박 서기관의 안전한 하산을 확인하고 나서야 쫓비산에서 합류한 본대와 함께 하산을 시작할 수 있었다.

첫 단추를 잘못 채우듯 바람재 초입을 찾지 못해서 험준한 비탈길의 가시넝쿨로 엉킨 길을 개척하며 때로는 작은 산짐승의 오솔길을 따라 긁히고 미끄러지며 위험을 무릅쓰고 한 시간 십여 분을 등반하여 뜻하지

않은 갈미봉 정상에 올랐다.

　인생은 선택의 연속이라 했다. 이렇게 잘못된 선택이 많은 위험과 어려운 여건을 만들어 주기도 하지만 극복하면 의외의 성과(갈미봉 등정)를 거두기도 한다. 하지만 좌절하거나 극복하지 못하면 추락하는 낙오자가 되는 것이다.

　본의 아니게 개척등산이 되어버린 위험천만한 산행을 스릴 있게 즐기며 행복한 산행이었다는 박언휘 산우회 회장님과 회원들이 있는 반면에 어렵고 힘겨웠다며 다시는 산행을 하지 않겠다고 불만을 털어놓는 분도 있었다.

　그렇게 소학정 주차장에서 출발하여 길이 끊긴 차밭골에서 갈미봉까지는 개척등산을 하고 바람재를 지나 바위전망대에서 용트림하는 섬진강과 갈미봉을 조망하며 잠시 쉬었다가 쫓비산 정상 전망대에서 인증샷을 남기고 청매실농원을 지나 홍싸리 팔각정에 도착하니 홍매화가 간밤의 비에 상처 입은 웃음으로 4시간 40분이나 기다렸다고 투정을 하고 있었다.

낙화(洛花)

연둣빛 향연 사이로
내 가슴 쓸고 간 아픈 유물들
꽃잎이 진다
이름없는 한 줌 바람에
화사한 너의 웃음이 흩어지고
연우 속의 향긋한 체온도
이제는 거울 속 연인이 되어
흐르는 슬픔 위에 수를 놓았구나
숨어서도 흐느껴 울지 못하는
사치스런 웃음을 가졌으니
새벽닭이 울거들랑
내 이름 불러주소서

05

마이산 석탑 이야기

 새벽 일찍 감기몸살로 끙끙 앓고 있는 아내 몰래 등산화를 신는 나의 뒷꼭지가 당겼다.
 그렇게 나선 길인데 법원주차장에 도착하니 행선지가 진안 마이산으로 변경되었다 했다. 그곳은 '억조창생 구제와 만인의 죄를 속리하는 석탑을 쌓으라는 신의 계시를 받아' 이갑용 처사가 고종 25년에 입산하여 30여 년 쌓은 120기 돌탑을 음양의 이치와 팔진도에 따른 천지탑, 오방탑, 약사탑, 월광탑, 일광탑, 중앙탑(흔들탑)과 이 탑들을 보호하는 주변의 신광탑으로 제각기 의미를 지니고 있다. 주탑은 천지탑으로 대웅전 뒤 가장 높은 곳에 있으며 한 쌍의 부부처럼 높이 13m의 탑 두 개로 이루어져 있다 한다.

▲ 마이산 석탑사

 급하게 나선 길이라 엷은 옷차림에 우산도 챙기지 못하고 보니 궂은 날씨에 몸도 마음도 쌀쌀했다.

 산불 난리와 어수선한 정치국면이라 착잡한 기분인데 비까지 내리는 궂은 날씨가 더욱더 그러했나 보다. 하지만 백두대간을 타고 내려온 장수군 영취산 호남정맥 마이산에 묻어놓았다는 이갑용 처사가 남긴 우리 민족의 예언서와 비방서가 궁금해서 꼭 한번은 가고 싶었던 염원이기도 했었다.

 마이산은 쫑긋한 말의 귀를 닮았다 하여 붙여진 이름이라 하지만 마이산의 전설은 따로 있다.

 옛날 신선 부부가 마이산에서 두 자식을 낳고 살았다. 승천할 때가 되어 밤에 떠나자는 남신의 말에 여신은 무섭다는 이유로 새벽에 떠나기로 하였는데 새벽길에 물 길러온 동네 아낙이 보고 소리치자 두 신선부부는 승천하다 떨어져 그 자리에 바위산이 되었답니다. 그래서 새끼 봉우리 둘을 거느린 숫마이봉은 두 아이를 품은 형상이고 암마이봉은 고개를 떨군 채 민망해하는 모습이라 한다.

 주차장에 도착하니 빗방울이 제법 굵게 후두둑 떨어지고 있었다. 우의를 배낭에서 꺼내어 입고 벚꽃나무 가로수 터널 속, 즐비한 상점과 식당들의 호객행위에 더하여 보탠 눈요깃거리에 아쉬움을 두고 가랑비로 발걸음을 재촉하였다.

 도로변에 박혀있는 발자욱을 따라 걷다 보면 상점가를 지나 탑영제에 이르고 전동오리배가 유랑객을 태우고 유흥을 즐기는 호수를 지나 부부공원이 이어지고 벚꽃길을 더 오르면 마이산 매표소에 이르게 된다. 매표소에서 입장권을 끊고 들어서니 넓은 광장이 나타났다. 그 많은 돌탑이 사라지고 새롭게 정비된 광장은 더 많은 관광객을 맞이하고 있지만 원래의 석탑군이 잊혀진 것이 못내 아쉬웠다.

마이산 탑사에서 은수사까지는 트래킹하기 좋은 평탄한 등산로가 이어지고 은수사에서 천왕문 분수령까지는 나무계단으로 연결되어 있었다.

고려장군 이성계가 황산대첩을 이루고 귀경길에 이곳 마이산에 들러서 왕조창업의 꿈을 품고 하늘로부터 천하를 다스릴 권한의 상징인 금척을 얻고 왕이 되었다 하여 천왕문이라 명명하였다 한다. 또한 이곳은 북쪽으로 전라도와 충청도민의 생명수로 401km를 흘러서 군산 앞바다까지 이어진 금강과 남으로 전라도와 경남 하동을 지나 광양만에 이르는 225km의 섬진강의 분수령이다. 천왕문 분수령에서 간단한 점심 식사를 하고 본격적인 암미이산 등정을 하였는데 초소부터는 경사 70~80도의 등산로가 나무계단과 바윗길이 번갈아 펼쳐졌다. 가뿐 숨소리를 달래며 비바람과 부딪치고 맞서면서 400여m를 오르니 오르내림 길의 합류지점이자 갈림길이 있고 다시 50여m를 오르니 숫마이봉보다 7m가 더 높은 암마이봉(687.4m) 정상 표지석이 있었다.

▲ 암마이봉 정상 표지석

비 오는 날의 수채화

비가 내리는 날이면
시간 사이로 걸어본다
빗방울 하나 낙숫물 소리에
소담스런 추억 작은 행복이
빙그레 돋아난다

바람 부는 날이면
풍경소리 사이로 바라본다
고요한 여운 사색의 소리에
차곡차곡 쌓은 지난 향기가
애잔하게 스며온다

하늘이 슬픈 날이면
풀잎 사이로 사랑을 재워본다
저민 푸른 꿈 여린 고백의 소리에
창을 열고 그날의 야망으로
무지개를 걸어본다.

마이산은 신라시대 때부터 제향을 올리던 명산으로 봄에는 돛대봉, 여름에는 용각봉, 가을에는 마이봉, 겨울에는 문필봉으로 불린다 한다. 오늘 우중산행은 마이산 남부주차장에서 10시 45분에 출발하여 상가를 지나니 개축공사가 한창인 금당사를 거쳐 야영장과 탑영제, 전동오리배 선착장을 돌아 명리각이 있는 부부공원에 이어 마이산 매표소를 통과하여 마이산 탑사와 은수사를 돌아서 천왕문 분수령 그리고 초소에서 80도의 급경사등반으로 암마이봉 687m 정상에 12시 40분에 도달할 수 있었다. 기념촬영을 하고 하산을 시작하여 13시 40분에 마이산 남부주차장에 도착하였다. 그렇게 차갑고 쌀쌀한 봄비를 맞으면서도 내일이 더 기대되는 대한민국을 위하여 기도하는 산행을 마무리하였다.

▲ 세계 유일 부부산 마이산과 벚꽃길 풍경

흔 적

마음으로 건네서 흐뭇한 고마움처럼
그 자리에 멈춰버린 지난 추억은
기억 속에서 화려하게 살아 있는데
놓아버린 바람 앞에 고개 숙이고
빛바랜 단청에 스쳐 가는 사연들
세월의 낡은 흔적이
가슴 깊은 슬픔으로 돌아서
오늘 같은 봄비가 나리네

06

금정산성과 고당봉

대지를 촉촉이 적시던 봄비가 잠시 멈춘 틈새를 비집어 바쁜 농사일을 접어두고 영남일보산우회 금정산 고당봉 4월(4월 21일) 산행에 동참하기로 하였다.

달리는 차창 너머 풍경은 벌써 등나무꽃이 만발한 봄의 한가운데를 지나고 있었다.

선거도 그렇고 트로트 경연대회까지도 오직 일등에게만 몰빵하는 세상에서 2등은 꼴등이나 마찬가지다. 그런데 전 국민에게 25만 원 준다는 보편적 포퓰리즘까지 판을 치고 채소, 과일값 조금 올랐다고 난리법석을 떤다. 인건비며 원자잿값 상승으로 생산원가는 더 많이 들어 소득이 부실한 촌부는 스마트팜 온실이지만 늘 다람쥐 쳇바퀴 돌듯이 온실에 갇혀서 봄이 이렇게 무르익었는 줄도 모르고 있었나 보다. 일기예보에는 금정산 날씨는 13시경에 비 소식이 있었는데 범어사 주차장에 도착하니 가랑비가 내리기 시작하였다.

오늘 산행은 범어사 주차장에서 출발하여 고당봉 정상에서 금정산성

북문으로 하산하여 범어사 주차장으로 돌아오는 네 시간 산행코스다. 비닐 우의를 입고 몇몇은 우산을 받친 채 기념사진을 촬영하고 등산을 시작하였다.

 안개비를 맞으며 걷는데 가슴 저 밑에서 은은히 치밀어오르는 감성에 젖어 노래를 흥얼거리는 이도 있고 연우에 가려서 면사포를 쓴 연둣빛 풍경이 신비를 안아서 운치까지 더해주는 고당봉 가는 길이 되었다. 고당봉 인근에는 범천에서 오색구름을 타고 내려온 금빛 물고기가 놀았다는 황금 샘(金井)이 있는데 가뭄에도 물이 마르지 않는다는 바위샘 금정은 백두대간의 마지막 용트림의 혈맥 명당(金井山)이다. 그리하여 왜구들의 침략을 막기 위하여 의상대사가 범어사를 건설하였으며 원효대사가 도술로 10만의 왜선을 격퇴하였다는 전설이 있으며 임진왜란 때에는 금성산성에서 치열한 전투가 있었다 한다. 고당봉으로 가는 길은 완만한 오르막 흙길이어서 등산로보다는 트래킹하기에 알맞은 것 같이 평범한 길로 눈길을 끄는 주변 경관이 부족한 것이 아쉬웠다.

봄

일상처럼
그냥 흘려버린 공간이
움츠린 겨울에 안으로 가두어
어리석은 인연으로 맺어두고

얼음처럼
냉정하게 굳은 마음이
따스한 내 가슴을 안아서
그리움에 사무친 기쁨으로 흐르네

연정처럼
화사하게 설레는 향기가
버들강아지 사이로 홀로 자라서
가늘어진 꽃으로 봄바람이 분다.

정상에 가까워질수록 비바람이 거세지기 시작하였다. 고당봉 정상에서는 거센 바람에 몸을 지탱하기 힘들어서 결국 비바람에 쫓기어 서둘러 하산을 시작하였다. 하산 길은 급경사와 암괴류를 지나야 하는 난이도가 있는 등산로였다. 금빛 샘을 보지 못한 아쉬움을 간직한 채 하산하면서 금정산 산신각에서 안녕을 빌어보았다. 그러면서 봄비에 젖은 연둣빛 녹음 속으로 빠져든 운치 있었던 우중산행으로 금정산성 북문으로 하산하여 지원센터 대피소에서 비를 피해서 점심 식사를 하였다.

대피소에서 각자 준비해온 도시락을 펼쳐보니 말 그대로 진수성찬이었다. 배부르게 포식을 하고 막걸리 한잔을 더 하니 행복이 넘쳐 흐른다. 우중산행이라 경관도 즐기지 못하고 사진도 많이 담지 못 했지만 비에 젖은 풍광과 몸에서 우러나는 미묘한 감성이 아름답다. 4월 초파일 준비에 바쁜 금강암에서 차 한잔하고 가라는 보살님의 자비도 손사래 치고 돌아왔지만 따뜻한 온기는 봄비 맞은 추위를 데워주었다. 어렵고 힘들었던 지난 과거와 아프고 눈물 흘렸던 지난 일들이 더 진한 추억으로 기억되듯이 우중산행의 어설프고 비에 젖었던 이번 산행이 많은 시간이 지나고 나면 아름다운 추억으로 되살아나지 않을까 한다. 10시 10분에 범어사 주차장을 출발하여 11시 40분에 고당봉 정상을 찍고 하산하여 13시에 금정산성 북문에 도착하여 점심 식사까지 하고 다시 하산하여 금강암을 지나 13시 50분에 범어사 주차장으로 돌아왔다. 그렇게 금정산성&고당봉 산행은 3시간 40분으로 마무리하였다.

연둣빛 사랑

오월이 익어가는 마음은
푸르른 향기들로 채워 갑니다

그리움으로
고개 내민 라일락 내음은
알싸한 유혹으로
민들레 홀씨처럼 날아갑니다

여린 몸을
웅크린 연둣빛 허브는
미소 짓는 바람 따라
갇힌 향기 열어줍니다

돋아나는 계절에
우리도
싱그러운 연둣빛 사랑으로
채워졌으면 좋겠습니다

07
비슬산 참꽃축제

　시샘하듯 앞다투어 팝콘처럼 터지는 봄꽃 만큼이나 팬데믹 이후 봇물처럼 쏟아지는 봄꽃축제에 인파들이 모인다고 매스컴에서는 전하고 있지만 나의 밴드와 톡방은 쥐죽은 듯 조용해서 왠지 모를 불안감이 생길 정도다. 무역으로 먹고사는 나라에서 계속되는 무역적자의 상승률과 급상승한 물가상승 또한 직접적인 영향을 미치고 있는지도 모르겠다.
　시산제 이후 싸한 분위기가 어색해서 분위기 활성화의 보탬을 위하여 영남일보 CEO아카데미 23기 졸업 여행과 죽마고우 절친의 자녀 결혼식에도 불참하고 영남일보 CEO아카데미 총동창산우회 4월 비슬산 참꽃군락지 산행에 동참하기로 하였다.

　비슬산의 유래는 정상부의 바위 모양이 신선이 앉아서 비파를 타는 형상 이어서 비슬로 불렀다고 한다. 또 신동국여지승람에서 비슬산은 포산(苞山) 이라 기록하고 있으며 비슬이란 말은 범어의 발음을 음으로 표기한 한자의 뜻은 포(苞) 수목이 덮여 있는 산이란 뜻이다. 고려 의종 때는 포산현으로 불리다가 현종 때부터 밀성군 현풍으로 부르게 되었다. 특히 조선의 사대부가의 예의범절의 표상이 되었을 만큼 가례를 모범적으로 솔선수범하는 마을이라 마을 명이 솔례가 된 현풍면 솔례마을은 지금도 苞山 곽 씨 후손들이 집성촌을 이루고 있다. 이렇듯 비슬산은 포산(현풍) 곽 씨 집안과 인연이 깊은 산이라 등정하고 싶었다.

　현풍은 "충효세업 청백가성" 가훈을 실천하는 포산(현풍) 곽 씨의 본향으로 시조 곽경은 원래 송나라 7인의 한림학사로 고려 인조 때 동래하여 고려 최고의 관직 문화시중을 지냈으며 금자관록대부 작위와 포산군의 봉호를 받으시고 그 후손들은 나라를 구한 충신과 가문을 빛낸 숱한 열녀들이 배출되었으며 여말선초에 이방원에게 수난을 당하면서 전국각지로 흩어지고 말았다. 곽 씨의 성의 유래는 역사적으로 사칭설과 개성설이 있다. 중국 고대의 대부분의 국가들은 동이족(東夷族: 머리에는 상투를 하고 큰활을 지닌 우리 韓族의 조상)의 나라인데 그중에서 주나라 제후국인 주문왕 막냇동생(희숙=곽숙)의 나라 고죽국에서 유래했다는 설과 동서고금을 막론하고 고대 대부분 성씨들의 출현은 거주지나 직업이 성씨가 된 것처럼 외각에 성을 쌓고 살았던 거주지(산서, 하남)를 성씨로 불린 곽 씨는 중국 최초의 거주지 성씨가 되었다는 설이 있으며 중국 고문헌에는 4천 년 전 상나라 때부터 곽 씨의 기록이 나타나 있으며 지금은 중국 최다 18대 성씨로 그 인구가 1,540만 명이나 된다.

　오늘 산행은 비슬산휴양림 주차장에서 소재사 입구 일연선사 동상에 길을 따라 콘도2까지 안전한 임도를 따라 걷다가 주등산로 대견사와 참꽃군락지까지 등반을 하고 대견봉과 천왕봉을 오르는 일정으로 편성되어 있다.

비교적 이른 시간인 08시 45분에 대형버스 주차장에 도착하였지만 비슬산 참꽃축제 마지막 날이라 많은 인파들이 북적이고 있었다. 참꽃군락지까지 무료로 운행되는 셔틀버스를 타려는 사람들이 장사진을 치고 있었다. 출발 전 기념촬영을 마친 우리 영남일보산우회 회원들은 대부분 도보로 참꽃군락지를 향하여 09시 05분에 대형버스 주차장에서 출발하였다. 경사진 오르막길 따라 700m 정도 오르니 비슬산 소재사가 있고 그 옆 임도 가장자리에 용트림하는 도사 지팡이를 짚고 선 일연선사께서 반겨주신다. 거기서부터 임도 삼거리까지 1.3km 포장된 임도를 가쁜 숨소리와 함께 오르고 보니 콘도2를 지난 본격적인 등산로가 나타났다.

등산로는 오직 오르막길과 계단길의 연속으로 난이도가 있는 등산코스였다. 등산로 주변으로 군데군데 쏟아져 내리다 잠시 멈춘듯한 암괴류에는 누군가의 정성이 쌓여서 염원하는 공든 돌탑으로 하늘을 받치고 있었다. 대견사까지 0.7km 남긴 암괴류 전망대에서 인증샷과 물 한 모금으로 땀을 훔치며 잠시 휴식을 취하고 대견사에 오르니 주제를 알 수 없는 법회가 한창 진행 중이었다.

대견사는 법회를 보는 불자와 비슬산참꽃축제 탐방객이 어우러져 인산인해가 되어 설키고 엉켜서 혼잡하기 그지없었다. 참꽃축제행사 진행요원의 지시에 따라 외줄로 대견사 옆 가파른 계단에 올라서니 30만 평의 참꽃군락지가 내 품에 안겨 왔다.

꽃

한 아름 벌려서
하늘이 비켜서 앉은 자리
사랑의 빛깔로 배시시
수줍은 입술이 고와서
지금은 행복한 향기

대형버스주차장을 출발한 지 1시간 5분 만에 참꽃군락지까지 도착하였는데 셔틀버스 탑승을 위해 줄 선 우리 영남일보산우회 일행들은 아직도 한 시간을 더 기다려야 탑승이 가능하다고 한다.
　참꽃축제 탐방객들의 인파에 떠밀려 탐방로를 따라 나의 의지와는 무관하게 흘러가면서 일행들을 대견봉으로 유도하였다. 호시탐탐 23기의 도시락에 흑심을 숨기지 않는 엄 대장님과 여러 밑반찬과 간식거리를 준비한 산우회 23기 동기들 그리고 선배 기수님과 함께 펼친 점심을 다소 이른 11시에 김 대표님의 와인으로 풍미를 즐겼다.

　대견사에서 형제바위, 백곰바위, 뽀뽀바위를 지나 500m를 올라오니 전망대 정자가 있고 그 바로 위에 대견봉 표지석이 서서 정상등정 인증샷을 찍기 위해 길게 줄 선 등산객과 포즈를 취하고 있었다. 대견봉 정상에서 23기 동기분들의 추억 담기를 도와주고 참꽃군락지 제1전망대에서 영남일보 CEO아카데미 총동창산우회 본진에 합류하였다. 그곳에는 젊은 듀엣 가수의 신나는 노래와 기타 연주로 유흥꽃을 피우고 있었다.

　비슬산참꽃축제 전날에 봄을 시샘하는 얄미운 꽃샘추위와 봄비에 못다 핀 꽃망울과 꽃잎이 얼어서 지고 말아 만개한 꽃물결이 넘실거리는 모습을 눈에 담지 못해 조금은 아쉬웠다. 작금의 자화상를 보는 듯하다. 로컬팜카페8062 오픈과 거의 동시에 터진 코로나19로 혹독한 긴 겨울을 오직 홀로 아픔을 삭히고 이제 겨우 꽃망울을 품은 듯한데 시샘하는 꽃샘추위처럼 이사들이 된서리를 뿌려 댄다.

로컬팜카페 8062

바람에 속아 살아온 연륜은
흐르는 세월 속에 익어가고
농사로 속아 살아온 이십구 년
희노애락으로 묻어나는 인생이 아니던가?

깃털 같은 마음 하나 내려놓지 못해서
짧은 영광에 숨어 사는 아픈 인내는
괴로움도 슬픔도 인연으로 녹여서
로컬팜카페 팔공유기 행복동행 뿌려보세!

그래도 군데군데 만발한 진달래꽃을 희망으로 즐기며 제2전망대를 돌아서 대견사 뒤 기바위를 안아 비슬산 정기로 충전해서 강우관측소 입구까지 탐방 후 셔틀버스 주차장에서 2시간을 기다리겠다는 동기생의 손목을 끌어 하산을 시작하였다. 그렇게 하루 일과를 정리하고 무거운 마음의 짐을 조금 들어놓고 잡념을 털어가며 한 계단 한 계단 내려놓은 발걸음에서 어떤 일부터 어떻게 해야 할지 순서의 호출을 받아 고개 들어보니 대형버스주차장에 내가 서 있었다. 그때가 13시 45분 그렇게 영남일보산우회 4월 산행을 마무리하였다.

두견화

깔깔거리는 깊은 어둠에
홀로 앉은 두견이는

이 마음 다 지도록 울어
목청이 터져서 빨간 꽃송이
애환이거늘
배시시 엷은 미소에
슬픈 전설을 간직한 너를
알아주는 이 없는데 울어 무엇 하리오

08

미리 가본 소백산 연화봉

 희망과 싱그러움의 빛깔로 연둣빛 녹음이 짙어가고 달콤한 아카시아 향기가 코끝을 자극하는 5월 첫째 주 일요일 아침 나는 등산화끈을 조이고 있었다. 지난밤 생전 처음 맞이한 상견례에 긴장하고 가슴 조였던 긴 시간으로 쌓인 피로감이 아직 남은 듯 몸이 무거웠다. 과년한 딸이 결혼을 결심을 하고 보니 반가움에 급히 서둘러 사돈댁의 상견례 요청을 허락하고 말았다. 특히나 사돈될 집안이 교직자 집안이라 혼례절차에 결례나 작은 실수라도 하면 어떡하나? 하는 불안한 조바심에 자녀의 혼사를 먼저 치른 친구들에게 물어봐도 뾰족한 답을 얻을 수 없었다. 현대식 결혼풍습이 도입되면서 예전에 없던 상견례가 생겨 혼례 절차 육례 중 어디쯤에서 해야 하는지? 하는 혼란스런 생각이 난무했다. 그래서 우리의 풍속인 전통혼례 절차를 찾아보았다.
 혼례절차를 육례라 하는데 첫 번째가 의혼(혼담)으로 신랑 측에서 청혼을 하고 신부 측은 허혼을 하는 것으로 요즘은 청혼 퍼포먼스(propose) 같은 행사를 하기도 한다. 두 번째로는 납채 즉 신랑의 사주 생년월일시와 청혼하는 혼서지를 신부 측에 보내는 것이다. 세 번째는 납기(연길) 또는 택일이라 하며 신붓집에서 결혼 일자를 택일하여 신랑집으로 보내는 의식이다. 네 번째는 신랑집에서 신붓집으로 혼서지와 혼수를 보내는 납폐인데 이때 사주단자와 혼서지를 혼수함 위에 올려 함께 보내기도 한다. 다섯 번째는 대례 즉 혼례를 올리는 예식의례다. 마지막으로 여섯 번째 폐백(우귀)로 신부가 시댁 가족 어른들께 인사를 올리는 것으로 혼례의식은 종료된다. 그렇다면 사돈 간 대면하여 예단과 혼수 및 결혼식 준비를 의논하는 상견례는 납기와 납폐 사이가 바른 순서 같은데 성급하게 허혼도 하기 전에 상견례를 하고 보니 허술한 준비와 약간의 결례가 있었다. 그렇게 무거워진 몸과 마음을 싣고 나선 소백산 철쭉축제 답사길은 지난 의성산불로 새까맣게 숯덩이 된 산등성이가 주마등처럼 한없이 펼쳐지고 있었다.

억장이 무너졌다. 언제쯤에나 복원이 가능할까? 흉한 몰골의 산하와 불타버린 마을이 안타까워 그냥 눈물이 났다.

▲ 탑이 보이는 곳이 제2연화봉대피소

연둣빛 녹음으로 초여름이 익어가고 있었다. 죽령탐방지원센터에서 11시 30분 민족의 정기가 흐르는 백두대간의 중앙 소백산 연화봉을 향하여 우리 일행은 출발하였다. 소백산 천문대 제2연화봉까지 콘크리트로 포장된 오르막길이 6.9km나 지루하게 이어지고 있었다. 철쭉군락지는 보이지 않고 차례대로 태양계 소행성들을 설명하는 안전쉼터와 밋밋한 전망대가 지루함을 달래주고 있었다.

제2연화봉을 13시에 오르니 평탄한 길이 소백산 천문대까지 이어졌다. 해발 1,383m 고지대다 보니 바람이 많이 불었다. 5월인데도 옷섶을 파고드는 바람이 차갑게 느껴졌다. 거기서부터 철쭉군락지가 제1연화봉까지 펼쳐져 있었다. 철쭉은 잔뜩 꽃망울을 머금고 동시에 만개할 준비태세에 들어가 있었다. 두 시간 반 동안 밋밋한 콘크리트 등산로를 올라와서야 만날 수 있는 소백산 철쭉군락지는 끈질긴 인내를 요구하고 그 보답으로 고진감래 끝에 천상의 화원을 선사하나 보다.

▲ 천문대에서 연화봉 방향의 철쭉군락지

14시 30분에 연화봉에 도착한 우리들은 서양인의 도움을 받아 인증샷을 남기고 희방사 방향으로 하산을 시작하였다. 급경사로 이어진 돌계단과 고무타이어를 오려 붙인 나무계단이 연속적으로 이어지고 있었다. 고난도의 등산로인데 2.3km의 단거리지만 내려오는 데도 다리가 후들거렸었다. 단시간에 연화봉과 비로봉에 오를 수 있어 많은 등산객들이 동절기에 애용하는 코스라고 했다. 하여튼 희방사까지는 급경사의 고난도의 등산로 2.3km가 이어지고 있었다.

신호등

나이도 잊어버린 내 이름을
향수빛 과거의 기억에 접어두고
주인 잃은 기다림은
고장 난 시계처럼 멈추었는데
우울한 허공에서 슬픔이 내린다
마음은 급한데
늘 깜빡이는 제동의 빛 빨강

그렇게 하산길에 진땀을 뺐으니 잠시 쉬어 가라고 희방사가 거기에 있었나 보다. 민족의 혼과 정기를 품은 백두대간의 중앙 소백산 기운이 서린 희방사에서 딸아이의 혼사가 잘 이루어져 미지로 떠나는 결혼생활이 오손도손 알콩달콩 즐거운 추억을 만들어가는 여행이 되길 부처님 전에 소원으로 올려놓고 달달한 감로수로 목을 축이니 꿀맛 같은 행복이 돌아났다.

▲ 희방사 종각 및 산신각 전경

희방사에서 600m를 더 내려와 쾌활하게 쏟아지는 희방폭포가 반겨주었다. 이곳 희방사에서 연화봉을 오르는 코스는 볼거리, 즐길 거리가 있고 단거리지만 급경사의 고난도의 등산길이란 게 단점이었다.

희방폭포에서 200m 내려와서 희방탐방지원센터에 도착하니 15시 50분이 되었다. 총 9.3km 산행 소요시간 4시간 20분으로 죽령탐방지원센터에서 출발하여 희방탐방지원센터 주차장에서 산행을 마무리하였다.

재인폭포

오랜 기다림에
얼마나 참아온 아픔이었기에
입만 벌린 채 소리마저 잃고
들먹이는 어깨인가?

얼마나 저려온 한이 나리기에
가슴 에는 아픔을 안아
속으로만 감추고
통곡하는 빙벽 되었네

배부른 절벽에
목 부러진 고사목은 차마 볼 수 없었기에
파먹은 두 눈에 속까지 비워두고
세월에 깎이어 줄 맨 흔적도 없구려

- 고문리 속 빈 빙벽의 재인폭포에서 -

이 슬

긴 어둠을 굴려서
별빛이 하늘을 돌아 떨어져
벙어리 된 채
이유도 갖지 못하고서
저며온 아픔을 재우고
안으로만 다듬어 온 갈망으로
아침을 토해서
영롱한 빛으로 피었구나!

09

신불산 억새평원

  평생 잊을 수 없는 가을 낭만 하나를 갖고 싶다면 영남알프스 신불산 능선의 10만 평 억새평원이 가을바람에 은빛 물결로 일렁이는 장관을 가슴에 담아보라! 잔잔한 가을바람 따라 가련한 운무를 때로는 은빛 바다와 황금빛 바다로 장관을 연출하는 억새 바다를….
  그렇게 다들 찬미한 신불산 억새평원이 이번 9월 영남일보 CEO아카데미 총동산우회 산행지로 공고되었다.

  배내골 주차장에서 출발하였는데 그 옛날 소금장수와 보부상 짐꾼들이 오르내렸던 길이라더니 아주 넓은 임도로 비교적 평탄한 길을 살방거

리며 1시간 30분 만에 수월하게 간월재 휴게소에 도착할 수 있었다. 아주 먼 옛날에는 공룡들이, 그후에는 범과 같은 맹수들의 놀이터가 되었다는 간월재 5만 평의 억새평원이 가을바람에 은빛 물결로 낭만을 부르고 있었다.

간월재 억새평원

가슴 시리도록 멍이던 하늘에서
뚜-욱, 뚝
떨어지는 가을순정을 찾아서
영남알프스 억새평원,
설레는 가을빛 부름에
망각한 마음은 아직 청춘이고
신불산의 억새 바다는
긴 여름날 아픈 세월을
가을바람으로 씻고 닦아서
언제나처럼 은빛 물결로 반겨주네
갑갑한 가슴은 시원하게 열어주고
애절함마저 신비로운 운무로
덮었다 펼쳤다 덮었다 펼쳐지는
가을날의 수채화로 그려놓고
바람 따라 웃음 따라
춤추는 은빛 바다는 환희로 피어나고
간월재 억새평원에서
꽃보다 더 어여쁜 바람과 구름
그리고 깊어가는 가을만큼이나
다정한 우정으로 쌓은 밀월여행이 되었구나

영남일보산우회 집행부가 준비한 컵라면으로 간단한 요기를 하고 신불산 정상을 향하여 등반하는 길은 가파른 나무계단과 바윗길의 연속이었다. 힘겨워하는 발길을 옮겨가면서도 카메라만 보면 V자를 그리고 웃음 짓는 박 교수 때문에 한바탕 웃기도 하고 때로는 몰아치는 운무를 헤집어 구름 속에서 신불산을 올랐지만 10만 평 신불산 억새평원 절경을 보지 못한 아쉬움마저 운무로 묻어서 호랑이(산신)가 득도하여 부처가 되었다는 신비롭고 신비한 신불산의 참모습을 본 것 같았다.

간월재 휴게소까지 회귀하여 등억리 주차장까지 신불산 등산로 중 난코스로 알려진 공룡능선 코스로 내려오면서 홍류폭포를 찾아보았다.

상사화

계절 넘어 마주할 수 없는
그리움만 품어서
슬픈 사연을 간직한 웃음이었나!

훔쳐본 분홍빛 사랑으로
무작정 새겨서
가슴의 병으로 사는 꽃이 되었나!

짧은 인연의 끈으로
애틋한 외로움이 짙어서
이룰 수 없는 사랑의 꽃 상사화여!

⑩ 가을산행 & 숲속음악회

  가야산은 1,430m의 가야국 가장 높은 산으로 소머리를 닮았다는 우두봉(상왕봉)과 가야국 시조 수로왕의 7왕자들이 득도하여 부처가 되었다는 칠불봉을 중심으로 합천 쪽은 산세가 부드러운 편이지만 성주 쪽은 가파르고 험하다.
  이번 산행코스는 용기골 탐방로를 따라 서성재를 반환점으로 하여 만물상 탐방로 하산할 예정으로 4시간의 가을 산행이다.
  산우회 10월 산행은 성주군체육회와 영남일보가 주최하는 가을산행 & 숲속음악회에 동참하기로 하였다.
  가야산은 해동 10승지로 조선 8경 중의 하나로 명성 높은 불교성지다.

영남일보가 제공한 도시락과 과일 세트를 챙겨서 우리 일행이 백운동 탐방지원센터에 도착했을 때는 식전행사로 신나는 노래와 춤으로 분위기를 끌어올리고 있었다.

곧이어 가을산행 & 숲속음악회를 알리는 대회의식이 시작되고 밤늦게 국정감사를 마치고 새벽차로 왔다는 국회의원, 성주군수, 성주군체육회장, 노병수 영남일보 사장님, 군의회 의장 등등 여러분의 축사를 끝으로 가을 산행은 출발하였다.

아침저녁으로 기온은 떨어져 쌀쌀한 한기가 폐부를 찌르고 이제 가을은 형형색색 물들어 황금빛 들판과 아름답게 물든 산과 들이 유혹하듯 가을 낭만을 수놓았다. 그렇게 가을은 우리의 마음까지도 아름답고 예쁘게 물들게 한 것 같다.

그런데 보물찾기 욕심인지 아니면 빨리 정상에 오르는 등반대회를 하는 것으로 착각을 한 것인지 출발 전 기념사진도 남기지 않고 뿔뿔이 흩어져 또 다른 일행 속으로 바쁘게 숨어버렸다.

용기골 탐방로는 계곡을 거슬러 오르는 비교적 평탄한 길로 산책하기 좋았으며 가을이 영그는 계절이라서 알록달록하게 물든 단풍이 예쁘게 반겨주었다.

산행은 삶의 일부분이 아닐까 한다. 많은 사람들이 먼저 다녀간(걸어간) 등산로이며 또 앞서거니 뒤서거니 그렇게 걸어가는 길이기도 하지만 스스로 느끼는 감정과 피로도는 많이 다른 것처럼 또 어느 계절이냐에 따라, 자신의 컨디션에 따라 아주 다른 감성을 담아준다.

산행은 바닥에서 한 걸음 한 걸음 시작하여 오르락내리락하면서 평탄한 길과 비탈길을 걷다가 때로는 징검다리를 건너고 하는 것처럼 우리네 삶 역시 질곡의 아픔을 건너야 하지 않았던가? 그래서 산행은 함께하는 좋은 사람이 있어야 안전하고 즐겁고 행복한 동행으로 만족감을 배가시킬 수 있다.

와인을 곁들인 간단한 점심 식사를 마치고 심장안전쉼터에서 꼭 쉬어 가라는 안내 문구로 겁을 주는 만물상 탐방로로 접어드니 바로 급경사의 오르막길이 가슴을 쳤다. 금방 먹은 점심에 불룩한 배가 가파른 계단 길과 거친 숨소리로 비명을 쏟아냈다. 그렇게 고개에 올라 되돌아보니 그 고생을 보상이라도 해주는 듯 장관이 펼쳐졌다.

가야 산신 정견모주가 살았다는 상아덤이었다. 천신 이비가지에게 감응된 여신 정견모주는 훗날 대가야 시조 이진아시왕과 금관가야 시조 수로왕을 낳았다는 전설이 전해지고 있다.

가야산 만물상 탐방로는 되돌아보며 비경과 절경을 즐기란 말이 빈말이 아니었다.

그렇게 오르막과 내리막길이 반복되고 또 되돌아보면서 지친 피로도를 금방 감탄과 웃음꽃으로 씻어내는 즐겁고 행복한 산행은 이어졌다.

지나온 길이 더 아름답고 되돌아보니 행복한 비경이 아쉬움처럼 그곳에 넋을 놓고 있었다. 가을의 절경과 만물상의 비경이 멀찌감치 과거가 되어 마음의 수채화를 그려내고 있었다.

작은 연가

은은한 입술 향기는
내 가슴속 잔잔한 파도 되어 울고
그대 향한 진한 그리움을
바람결에 실어 보내니
창밖의 빗소리는 너와 나의 연가던가?

아름다운 과거가 행복한 미래를 그려가듯 절경과 비경을 뒷배경으로 담았으니 앞으로 펼쳐질 또 다른 만물상까지 벅찬 감성을 눈과 가슴으로만 담아두기가 아쉬워서 카메라에 저장하며 너무 즐긴 산행이 되었나 보다. 두 번째 심장안전쉼터에 도착하니 벌써 숲 속 음악회가 시작되어 음악 소리와 밴드 소리가 산기슭을 오르고 있었다.

급경사 계단과 가파른 비탈길을 내려오느라 다리는 후들거렸지만 마음은 유쾌하고 상쾌함으로 행복을 충전한 가을산행이 되었다.

가을 농부

쪽빛 하늘이 열리면
손짓하는 가을이 낭만을 부르고
알록달록 단장한 단풍잎은 설렘을 타고
바람 따라 웃음 따라 여행가는
이 계절에
가을 남자 되어
가녀린 순정이 나부끼는 황금 들녘으로
황홀한 당신을 보내주세요
그러면 깊어가는 가을빛 타고
밀월여행 떠날 겁니다.

코스모스

하늘거리는 손짓으로
바람을 부르는 청순한 소녀처럼
나폴거리는 부끄러움을 피워서
한낮의 열기 팔월 태양에
빨갛게 익어 고개 숙인 네 모습이
하도 애처로워 마음을 열었는데
배시시 웃음 품은
작은 도리질이 애간장 녹이누나

11

설악산 흘림골

　10월 7일 새벽에 일어나 04시에 대구법원 주차장에 도착하니 다행히 꼴찌는 아니었다. 추진위원장의 늦잠으로 예정시간보다 늦은 04시 35분에서야 한계령을 향해서 출발할 수 있었다.
　설악산 여행은 45년 전 늦은 저녁 야간열차를 타고 출발한 수학여행이 전부다. 수학여행 때 설악산 흔들바위, 울산바위를 올랐던 흐릿한 추억을 소환하며 기대감에 부풀어 있었다. 설악산 흘림골&오색약수터 탐방길을 나선 10명의 특별산행팀은 다소 모자라는 잠을 쪽잠으로 재워가며 어둠 속을 뚫고 달렸다. 08시 홍천군 화양강 휴게소 편의점 앞에서 쑤기 아지매표 시래기 밥의 감동 먹방으로 아침 식사를 하고 따스한 커피로 체온을 데웠다. 대로변 양쪽으로 알록달록 만개한 코스모스의 사열을 받으면서 다시 한계령을 찾아 나섰다.

　09시 한계령 휴게소에 도착하였다. 잠시 휴식을 하고 흘림골 탐방로 산행을 시작할 수 있었다. 설악산 흘림골 탐방로는 우리네 인생길 같은 그런 산행길이었다. 흘림골 탐방로는 예약등록 후 초입에 들어서면 나무계단이 연속으로 이어진다. 그 오르막길이 등선대까지 이어지는 일방통행 길이다. 즉 출생등록 후 되돌아갈 수 없고 앞으로만 가야 하는 인생길 역시 일방통행인 것처럼 말이다.
　며칠 전에 기온이 급강하하는 추위가 있었다. 그래서 투박한 겨울산행

준비를 하였는데 푸근한 가을 날씨였다. 아직은 이른 가을이라 이제서야 단풍이 물들기 시작하는 듯 푸른 기운이 그대로였다. 단풍의 아쉬움을 간직한 채 한 계단 한 계단 오르면서 나뭇가지 사이로 펼쳐지는 설악을 즐기며 카메라에 비경을 담았다.

그렇게 앞서거니 뒤서거니 여흥을 즐기면서 600m를 걷다 보니 낭심을 설레게 하는 여심폭포가 그곳에 있었다. 클리토리스까지 완벽하게 드러낸 여심폭포의 모습이 민망한지 단풍잎도 발그레 얼굴을 붉히고 있었다. 흘림골 초입에서 출발하여 처음 맞이하는 쉼터다. 그런 탓일까? 제천과 안산, 서울 등지에서 온 많은 등산객들이 삼삼오오 모여 앉아 간식을 즐기고 있었다.

초보등산가도 무난히 오를 수 있다는 흘림골 탐방로라더니 여심폭포를 지나서는 등선대까지 제법 가파른 오르막길이 이었다. 긴팔T 한 벌을 벗고 반팔T 상태로 등산을 하였는데도 땀이 등줄기를 타고 내렸다.

등선대 전망대를 오르는 초입에는 많은 등산객들이 엉켜서 아점을 먹고 있었다.

10시 30분 등선대에 올라오니 기념사진을 남기려는 등산객들이 장사진을 치고 있었다. 그들을 피해서 탁 트인 시야에 펼쳐진 전망은 형언하기 어려웠다. 연신 감탄사는 쏟아지고 '비경'이라는 단어뿐 표현할 길이 없었다.

그 아름답고 웅장한 모습과 감성을 사진으로 담아보려 했지만 할 수 없었다. 카메라의 한계였다.

그래서 여행은 직접 찾아가서 보고 듣고 음미하며 겪어서 경험하여야 한다 하였나 보다.

등선대 전망대에서 황홀한 감성을 담아서 용소삼거리를 향해 내리막길을 걷고 있었다.

가느다란 신선의 머리카락이 바람에 휘날리는 모습을 닮았다 하여 붙여진 신선폭포를 지날 무렵이었다. 충청도 아지매의 제3자 화법으로 하는 부부싸움 소리가 왠지 모르게 구수한 웃음과 함께 어깨를 타고 넘어왔다. 여심폭포에서 동행한 다른 여인과 노닥거린 모습에 심상이 많이 상했나 보다.

계곡을 따라 아래쪽으로 내려올수록 수량이 점점 더 많아진 등선폭포를 지나고 보니 다시 오르막길이었다. 뒤처진 건오 씨가 등산대회 하는 것도 아닌데 왜 빨리 가냐고 구박하는 전화를 받고 고갯마루 쉼터에서 기다려 주었다.

  고갯마루 쉼터에서부터 오색약수터까지는 내리막길이 이어졌다. 고개를 넘어서 12폭포에 접어드니 풍부한 수량으로 쏟아지는 계곡의 물소리가 시원하게 반겨주었다. 12시 30분에 넓은 바위에 앉아서 계곡 물에 발 담그며 점심 식사를 하였다.

  울산바위를 향한 케이블카 여성팀의 소식을 간간이 접하며 여유로운 산행을 즐길 수 있었다. 어렵고 힘들게 살아온 과거의 추억이 더 아름답게 느껴지듯이 땀 흘리며 걸어온 등산길을 뒤돌아보니 바위틈에 뿌리박은 소나무며 기암괴석들로 신비롭고 성서로움만 있을 것 같은 신선의 세계를 만들어 놓고 있었다.

  암수 두 마리 이무기 중 숫놈은 승천하여 용이 되었으나 암놈은 승천하지 못해서 똬리를 튼 채 죽어 바위가 되었다는 전설을 가진 용소폭포를 관람하고 용소삼거리에서 주전골로 들어섰다.

  그 옛날 강원도 관찰사가 위조 엽전을 만드는 것을 발견하고 위조 주전을 만들던 동굴과 무리들을 없앴다 하여 주전골로 부른다 하였다.

주전골 최고의 비경이라는 독좌암(독주암), 주전을 쌓아 놓은 것 같다 하여 주전암(떡시루를 엎어놓은 것 같다 하여 시루떡바위), 달밝은 밤 선녀들이 하늘에서 내려와 목욕을 하였다는 선녀탕, 누가 쌓은 건지는 모르지만 개울가에 수많은 조약돌 돌탑들이 만들어 놓은 풍경이 푸른 하늘과 어우러져 무아지경 속으로 빠뜨려 버렸다.

성국사를 지나 오색약수터로 가는 길에 저 멀리 산꼭대기 바위 위에 홀로 선 소나무가 보였다.

긴 세월을 산꼭대기 물 한 줌 없는 바위에 뿌리를 박고 북풍한설과 폭풍우를 맞아가며 모진 풍파 견뎌내고 더 크지 못해 아담한 모습으로 정상에서 푸른 하늘을 받치고 서 있는 당당함이 멋스럽게 돋보인다. 돋보이는 만큼 저 소나무는 행복할까? 문득 그런 생각이 들었다.

학연, 지연, 혈연 같은 3연이 없이 거기에 무일푼까지 더해서 바위 위에 씨앗을 꽂은 소나무처럼 척박한 대구유기농업에 용기만 믿고 투신하였다. 늘 격려와 응원보다는 시샘과 시기, 질투, 모략이 난무했다. 그래도 '내가 대구 유기농업의 자존심이다.'라는 자존감과 자긍심으로 저 소나무처럼 버티고 있다.

14시에 5시간의 산행을 마치고 오색약수터 삼거리식당에서 나눈 탁배기 한 잔의 힘을 빌려 다시 물어본다.

산꼭대기 천연바위에 홀로 서서 멋진 풍류를 자랑하는 독송이여 그대는 진정 돋보이는 만큼 행복한가?

길

붙잡지도 못하는
세월을 무심하게
스치는 바람 속에 흐르고

가고 싶어도
거부하고 싶어도
보이지도 않는 인생길

걸어도
걸어도 끝이 없는
고단한 길에는 꿈이 서려 있기에
아픔이 슬픔을 달래고

다잡은 마음에
맞잡은 손으로 험난한 길은
희망이 되어 또다시 일어나는 길

해바라기

일편단심으로 발목을 잡아두고
바라보기도 부끄러워 고개 숙인 채
바람처럼 감미로운 가슴으로
그리움을 가르쳐준 당신은
누구의 고향입니까?

풍성한 계절의 전령으로 천둥이 울고
풀잎처럼 가냘픈 웃음을 훔쳐서
슬픔이 스쳐 간 하늘 모서리에
걸어놓은 일곱 빛깔 무지개는
누구의 손짓입니까?

탐하고 싶은 선망으로 머리만 굵어서
화사한 치장도 준비하지 못하고
땅을 짚고선 가분수로 힘겨운 지탱인데
온종일 사모하는 정으로
태양만 바라보아야 하는 당신은
누구의 메시지입니까?

12 오대산 선재길

 초등학교 시절 설렘으로 밤잠을 설치고 어둑어둑한 새벽길을 나섰다. 만촌역에 도착하니 막 버스에서 내린 친구들과 조우를 했다. 강원도 월정사로 향하는 고속도로 차창 너머에는 황금들 끝으로 펼쳐놓은 자욱한 가을 안개가 보일 듯 말 듯한 미지의 궁금증으로 신비를 풀어놓았다.

유난히도 더웠던 지난 여름이 9월까지 이어진 열대야로 앙탈을 부린 탓일까.

봉평터널 너머에는 가을 산 단풍이 내려오고 있었다. 하지만 화사한 웃음꽃이 아닌 다소 우울한 얼굴로 붉으락푸르락 현실을 그려놓았다.

가을 안개가 자욱한 오늘 같은 날이면 희뿌연 미로 속으로 보일 듯 말 듯 펼쳐진 가을 들길에서 하늘거리는 분홍빛 코스모스의 유혹과 수줍어 붉게 물든 단풍잎에 가을바람을 실어서 가녀린 소녀의 순정을 띄우는 가을 낭만을 기대하고 나선 원족 길인데 친구와 도란도란 주거니 받거니 정담이 흐르고 결론은 '살아보니 별거 없더라.' 하고 싶은 것 하면서 즐기며 살아가란다.

그런데 멍 때리는 현실의 자리로 돌아와 보니 근심, 걱정. 원망과 푸념이 한 줌이다.

어이 할꼬?

욕심에 희망을 더해서
청룡의 뜻을 품은 욕망이 되고

드라마 같은 파란만장한 인생사 펼쳐가며
많고 많은 고비 참 열심히도 살아왔는데

청춘을 잃은 무정한 세월만 남아
공수래공수거 허무한 시절 인연이더라!

사랑도, 미움도, 탐욕도 내려놓고
바람같이 구름같이 살아보려 하였더니

빈손인 줄 알았는데
한 줌 가득한
이 걱정 어이할꼬?

단 풍

시월의 능선을 타고
소리없이 다가와서
수줍은 많은 소녀처럼
발그레한 얼굴에 고운 손짓
유혹의 눈빛으로 나를 부른다
아쉬움의 거리를 두고
단아한 자태에 취해서
파란 하늘가에 두둥실 발걸음
설레임에 쿵쾅거리는 마음
이 가을에 그냥 바람이고 싶다

예쁘고 풍성한 가을 같은 친구들과 가을을 찾아 낭만을 쫓아서 떠나고 싶어서 겨울농사를 준비해야 하는 내게는 가을이 너무 바쁘지만 죽마고우들과 또 다른 추억 쌓기에 나선 오대산 선재길이었다. 월정사 주차장 4km를 앞두고 차량정체로 거북이 걸음이 시작되고 정오 50분에야 주차장에 도착하였는데 장애인도 다닐 수 있는 선재길 역시 인산인해로 밀려서 걷고 있었다. 바스락거리는 낙엽을 밟아보고 고운 단풍잎에 사색을 담아보며 즐기는 가을 낭만을 기대했는데 우렁찬 계곡의 물소리처럼 요란스런 산책의 시간을 가졌다.

명산 오대산 풍광에 빠져서 만월의 밝은 달이 멈춘 것인지 만월의 달빛이 맑은 계곡 물에 목욕하느라고 머물러 명산 오대산이 된 것인지는 알 수 없으나 그런저런 명품인생을 살아온 우리 친구들의 정담을 뿌려가며 오대산 선재길을 걷고 월정사 팔각구층석탑을 돌고 부처님전에 소원도 하나 얹어 놓고 도란도란 쌓은 가을 낭만 이야기입니다.
가을비가 내리는 자정에 귀가하여 이렇게 하루를 접어놓아 본다.

동강에서

동강의 병풍바위
붉은 손도장으로 새긴 단종의 여린 한은
흐르는 세월을 눈물로 씻어서
금수강산에 두 줄기 젖줄 되었고

동강의 낙락장송 푸른솔은
아픈 세월을 맑은 물로 씻어서
티 없는 창공을 열어 반기네!

하늘빛이 강빛이요
강물에 하늘을 담았더라!
동강에 배 띄우니 풍광에 취하고
흥에 겨워 술잔을 기울여보니
60년지기 우정에 더 취하더라!

13

합천 매화산(남산제일봉)

 겨울비가 장맛비처럼 내리고 강원도에는 폭설로 변한 불완전한 날씨가 분탕질을 했다.
 겨울비가 두고 간 칼바람과 살을 에는 영하 10도의 매서운 추위에 두툼한 방한복으로 무장을 하고 어둠을 뚫고 집을 나섰다.
 밤늦도록 준비한 황 회장님의 특별선물 유기농채소 꾸러미 70박스를 탑차에 싣고 법원 주차장에 도착하니 07시, 산행버스는 아직 도착하지 않은 상태였다. 영하 7도의 매서운 한파가 가슴을 파고 들어왔다. 잠시 후 도착한 버스에 영남일보산우회 집행부의 도움을 받아 유기농채소 박스를 두 대의 버스에 나누어 싣고 07시 40분에 법원을 출발하여 합천군 가야면 황산주차장에 09시 20분에 도착할 수 있었다.
 "즐겁고 신나는 영남 산우회."
 영남일보 CEO아카데미 총동산우회 황현진 호의 첫 산행은 A팀 정상조는 황산주차장을 출발해서 청량동탐방지원센터, 매화산(남산제일봉) 오봉산중턱, 돼지골탐방지원센터로 하산하여 치인주차장에서 합류하게 된다.
 B팀 가야산 소리길조는 황산주차장을 출발하여 소리길탐방지원센터, 무릉교, 농산정, 길상암, 영산교, 성보박물관을 거쳐서 치인주차장에서 만나게 되어 있다.

　이른 새벽 점심 도시락으로 묵은지 볶은 주먹밥을 만들던 아내가 실수로 떨어뜨린 불길한 예감일까? 황산주차장에서 버스에 내리는 순간 왼쪽 무릎이 벼락 치는 통증으로 휘청거렸다. 그렇게 컨디션이 안 좋아서인지 청량동탐방지원센터부터 시작된 비교적 완만한 산 비탈길과 돌 계단길인데도 등 쪽에서는 벌써 땀방울이 솟아나고 있었다. 살을 에는 듯한 겨울바람이 뺨을 스치고 손가락이 얼어 뻣뻣한데 이마에는 땀방울이 송글송글 맺힌다. 정상을 향한 욕심 탓일까? 내려놓지 못한 미련한 의지 탓일까?

예순이 넘은 나는 지금도 바람의 연륜이 부족한가 보다. 명사 명언을 줄줄 쏟아내며 외치면서도 실천을 모르는 언행은 따로국밥이고 내로남불하며 타협과 협상, 설득과 양보하는 정치는 실종되었고 독선과 아집으로 내일을 모르는 전임 회장님들이 만들어 놓은 불편한 현실은 작금의 대세인 듯 살벌한 겨울바람처럼 내 주변을 에인다.

소 망

흐트러진 인심의 갈등은
앉을 수 없는 마음만 비워놓고
정을 심고 희망을 심고
다독이다가 파랑새 되어
날아간 님 그림자

향기도 없이 닳아버린 몸짓으로
흠모한 기다림은 남의 것이 되어서
가슴 쓸고 간 한 줄기 바람
갈잎 소리에 놀란 가슴을 일으켜서
돌아앉아 눈물짓는 등꽃이어라

질급하는 문풍지 소리에
몸으로 하늘을 감싸고
간절한 마음에 촛불 밝혀놓고
정안수 한 사발에 정성을 담아
합장한 두 손에 어둠이 녹아내린다

　청량동탐방지원센터(청량사)에서 산 비탈길을 15분 정도 오르니 작은 쉼터 표지판이 쉬어가라는데 우리는 외면하고 더 가팔라진 계단길과 비탈길을 25분 더 올라서니 전망대 테크가 반갑다고 상왕봉과 칠불봉이 먼 산의 설경으로 환희를 펼쳐놓았다.
　기념사진을 담고 나서 신발을 고쳐 신고 사진 몇 컷을 더 찍는 사이 산행 선두 일행은 벌써 꼬리를 감추었다.

기암괴석들이 매화꽃같이 아름답다 하여 일명 매화산이라 하고 일천 가지 불상의 형상을 닮았다 하여 천불산이라는 남산제일봉을 찾아서 가파른 철제계단을 쉬었다 오르기를 반복하며 고난도의 등산길을 오르다 뒤돌아보면 그동안의 노고를 보상이라도 하듯 감탄의 비경을 연출하고 까마득한 앞은 기대의 설렘으로 또 다른 기쁨, 환희로 부르고 있었다.

 두 뺨을 때리는 따가운 살바람도 잊고 기암괴석의 비경을 카메라에 담다가 갑자기 덮친 한 줌 바람에 털모자를 선사하고 말았다 몇 번 쓰지 않는 새 모자가 낭떠러지를 향해 때굴때굴 멀어지는 애타는 마음을 아쉬워하며 포기하고 돌아서야 했다. 때로는 불가항력에 의해서 본인의 의지와는 다르게 포기하고 내려놓아야 할 때가 있다는 것을 자연에서 배운다 하지만 실천하기에는 그 기회가, 그때가 어디쯤인지 찾기가 어렵기 그지없다. 올 한해 내가 한 선택이 올바른 의사결정이기를 바랄 뿐입니다.

 그렇게 영하 7도의 매서운 칼바람을 맞으며 불편한 몸으로 전망대에서 1.1km의 가파른 철제계단과 비탈진 바윗길을 지나 정오 12:00에 매화산 해발 1,010m 남산제일봉에 올랐다.

　산우회 선두조에 전화 연락을 취해 보았지만 모두가 불통이다. 칼바람을 피해서 적당한 자리를 잡아 점심식사를 하고 있을 것 같은데 찾을 길이 없었다. 정상표지석 옆이 바람도 거의 없고 따뜻한데 먼저 온 등산객 10여 명이 점심 식사를 하고 있었다. 우리 일행은 하산길에서 점심 자리를 찾아보기로 하였다.
　정상에서 삼사백 미터를 능선을 타고 내려와 큰 바위를 방패 삼아 살바람도 피하고 가끔은 햇살이 비치는 그곳에서 자리를 잡고 홍삼과 대추를 달인 따끈한 물로 온기를 채우며 도시락을 주거니 받거니 나누어 먹었다. 고맙게도 어제 첫 수확한 설향딸기 한입을 베어 무는데 터져 나오는 감탄사가 아름다운 여인의 입에서 향기롭게 피어나고 있었다. 매서운 추위에 쫓기어 서둘러 오봉산중턱을 내려서니 바람은 온순해졌다.
　돼지골탐방지원센터까지 1.9km 하산길을 계곡을 타고 흐르는 물소리와 엇박자의 추임새로 부는 바람 소리를 즐기며 내려왔다.
　그렇게 9시 30분 황산주차장에서 시작한 매화산 남산제일봉 5km 산행은 13시 25분 치인주차장에서 마무리하였습니다.
　천년만년을 살아가는 바위는 말을 삼키고 생각마저 잊은 채 웅장한 모습으로 눌러앉아 있지만 무소불위의 힘을 자랑하는 바람은 굴종만을 허용하고 파괴라는 처참한 상흔으로 기억되는 것입니다.

천년의 미소

하늘 한 모서리 돌아
천년을 두고 앉은 자리
관음봉에서 마음을 밝히고
푸른 종소리 벗을 삼아
온후한 물빛으로 씻겨서
세상 번뇌 안고 가는
은은한 미소 천년의 미소

막걸리 연가

돌아서자 하면서도
낯설은 골목 서성이다가
껄끄러운 소리는 익어
가슴에 메이고 고달픈 육신에
구멍 난 옷소매는 아픈 젊음으로
바람을 갚아서 목놓아 애원인데
단 한 번 스쳐 간 숨결로
그리움만 심어준 당신의
뒷모습은 나는 싫어요

연탄 내음 짙은 포장마차
찌그러진 탁배기에
텁텁한 막걸리 따르고
한 모금을 들이켜서 아픈 상처 삼키는 건
못다 엮은 미련으로 남긴 정 하나에
갈팡이다가 잃어버린 자신을 두고
거불거리는 호롱불 아래에서
별을 먹던 따스한 여운은 여전한데
비수같이 가슴으로 파고드는
살바람은 나는 싫어요

연탄불 위에서 장어는

오그라든 연기로 맵고
욕지꺼리로 엉킨 담배 연기는
자욱한 군인 이야기로 왁자지껄 소란이다
주인 잃은 주신들이
당신에게 스며들면
무너지는 고독의 잔을 받고 있다
오늘 밤도 어제처럼 달빛은 고운데
비틀거리는 몸짓으로 당신을 떠나보내고
나 어디로 가야 하나
아직 토하지 못한 욕정이 남았는데

제3장

바람에 실은 여행

저도 청해대

쉽게 거절 못하는 성격 탓에 밀린 일감을 제쳐 두고 아내의 눈총을 받으면서 아침 일찍 배낭을 챙겨 힐링여행을 나섰다.

그 옛날 구렁이가 개구리를 잡아먹으려고 뒤를 쫓자 개구리는 사력을 다해 줄행랑쳤으나 학섬 근처에서 잡힐 위기에 처했다. 그때 이를 안타깝게 여긴 학섬이 돼지로 변신해 구렁이를 물리치고 개구리를 구했으니 구사일생으로 목숨을 건진 개구리는 학섬에 올라 화석이 되었고 분을 못 이긴 구렁이는 바다에서 화석이 되었다는 전설을 지닌 저도, 대통령별장으로 힐링여행은 매혹적이었다. 설렘으로 법원 주차장에 도착하여 우 회장님과 조우하고 8시 05분에 성서 홈플 탑승자까지 26명이 거제도를 향하여 출발하였다.

지난 4월부터 시작한 힐링여행이라는데 처음 참석한 내게는 많은 분이 낯설었다. 간단한 자기소개 후 쑤기 아지매의 비 오는 날 밤의 괴담과 늑대 울음 속 올벵이잡이가 너무 실감 났다며 오늘 주제를 고향 이야기로 하자는 우 회장님은 민주지산 도마령 아래 고자리. 쑤기 아지매 고향 이야기에 이어서 우 회장님 고향 경주 박목월 시인의 옆집에서 나고 자란 이야기를 끝으로 침묵이 흐르자 우 회장님은 내게 스마트팜 이야기를 권유했다.

30년 전 공학도가 귀농하여 좌충우돌하면서도 배우지 않은 SWOT분석법으로 4C 분석과 4P 전략을 세워 친환경농산물로 차별화시켜 소분하고 상품화 및 농산물 리콜제도 도입 등 STP 전략으로 승승장구하다가 태풍 매미로 초토화된 농장과 대한민국 특광역시 유일무이한 친환경농업지구 조성 이야기를 1부와 2부를 나누어 떠들다가 보니 거가대교 휴게소에 도착할 수 있었다.

어느 누구는 높은 이상을 향해 도약을 품고 있고 또 다른 이는 높은 곳에서 세상을 뒤집어서 만세 하며 모두 하나의 세상을 살아가는 거가대교 휴게소 조형물이 내게 화두를 안겨주었다.

제3장 · 바람에 실은 여행   165

필자와 같이 2003년 태풍 매미로 경작지를 잃은 백순삼 씨가 오랜 시간 홀로 천연바위 위에 어떤 준비된 구상이나 설계도 한 장 없이 쌓은 성벽이 유럽 중세시대를 연상케 한다 하여 유명세를 타게 되면서 매미성이 되었다. 거제시의 마케팅 전략이 돋보이는 관광상품이며 경이로운 매미성은 빼어난 경관으로 그 어떤 풍파도 이겨낼 수 있을 것 같았다.

허브

스치는 바람에도 앙탈 부리는
그대 내음을 불러 앉히고
사모하는 정으로
향기성을 쌓아 놓고
당신의 품에 안기어서
작은 행복 큰 기쁨으로
뒹굴며 살고파서 님이라 불러봅니다

상큼한 향기로 기워온
님 향한 그리움을 가슴에 담아
빼앗긴 마음으로
사랑의 성을 지어놓고
화려함도 수려함도 없이
색깔 있는 오감으로 희망의 꽃 피우는
님을 허브라 불러봅니다

칠천량해전은 칠천도와 거제도 사이 칠천량에서 임진왜란 때 유일하게 대패한 해전으로 조선 수군 160척 중 140여 척이 분멸되고 삼도수군통제사 원균을 비롯한 지휘부 모두가 전사한 이곳 칠천량은 430여 년이 지난 지금은 물놀이 시설과 해수욕장을 갖춘 칠천량해전공원으로 개발되어 있었다.

수많은 대첩과 승전이 있었음에도 단 한 번의 대패로 괴멸의 위기에 몰렸던 조선 수군처럼 살얼음판을 걷듯이 조심조심하는 인생사 위기와 기회를 가릴 줄 아는 해안을 역사 속에서 숙제로 풀어야 한다.

대통령 하계 휴양지로 알려진 저도 청해대는 면적이 434,181㎡로 섬 모양이 돼지를 닮았다 하여 저도라 한다.

14시 궁농항에서 출발해서 청해대 입도 하여 대통령별장 앞에서 기념사진을 남기고 산책로를 따라 제2전망대에 오르니 일본군 포진지가 완벽하게 살아서 아픈 역사의 상처를 들추어내고 향기 없이 빛으로 새들을 유인한다는 조매화고 씨앗은 동백기름을 짜서 사용하는 동백나무숲

길 산책로 끝에는 일본군 막사가 있었고 언덕길을 오르니 탄약고 위에 정자를 세워 제1전망대가 있었다.

 1920년 일본군의 통신소와 탄약고로 사용되었고 6.25전쟁 중에는 연합군의 탄약고로 사용되다가 6.25전쟁 이후 해군군사시설로 정비하여 대통령 휴양지가 되었다는 저도는 전략적으로도 매우 중요한 곳이다.

 오백 년, 긴 세월을 꺾이지 않은 기백으로 모두의 소원을 들어주는 소원송이 되어 간절한 바람을 안겨주고 돌아서니 사랑나무가 금실을 자랑하는 연리지목공원이 펼쳐졌다.

 청해대 연리지목은 곰솔(침엽수)와 말채나무(활엽수)가 연접한 독특한 연리지목으로 저도 사랑나무, 소원나무로도 잘 알려져 있다.

 천하제일 명당 청해대 산책길을 걸으면서 좋은 기운을 받아 한 번 더 마음을 다지면서 저도 대통령별장 청해대 힐링여행을 마쳤다.

 기억은 추억으로 남아서 그리움으로 잊혀가지만 기록으로 남기면 진실된 역사가 됩니다.

파랑새

할 말이 없습니다
눈물 속에 구슬픈 가락도 없으니까요
황폐한 손이라 드릴 것이라곤
쥐 먹은 밀알도 없습니다만
가난한 마음에
아직 상하지 않은 빨간 등불로
님의 뜻이라면 밝혀 드리겠습니다

잡지는 않겠습니다
부실한 그리움으로 사모한 죄인이니까요
여유 있는 것이라곤
허름한 가슴속 폐쇄된 공간뿐입니다만
일곱 송이 수선화 손끝으로 엮어서
님의 자리로 비워놓겠습니다

보내고 싶지는 않습니다
따스한 여운은 지울 수 없으니까요
나래 꺾인 몸이라고
가시 돋은 울음이야 없겠습니까마는
한걸음 양보로 펼 수 있다면 기약이 없대도
님을 위하여 기도 하겠습니다

청송 치유 여행

 93세 '이길여 총장님의 동안비결'이란 유튜브에서 부정적인 요소인 스트레스가 쌓이는 것을 막기 위해서 일부러 즐겁고 행복한 마음이 일어날 수 있도록 자신을 유도한다는 내용을 접하고 벌써 4개월째 시달려온 조합원들의 배신과 불신에서 도망치고 싶은 현실도피 행각이 앞섰는지도 모를 일이다. 청송이 고향인 전 대표님이 자처한 명품가이드를 앞세워 1박 2일 청송군 주왕산 여행에 나섰다. 군위군이 대구광역시로 편입된 첫날 7월 1일 토요일 오전 10시 의도치 않게 10년이 넘은 마이카 투싼으로 선행조 4명이 청송 방호정을 향해 출발하였다.

 1억 년 전 만들어진 퇴적암 절벽 위에 지어진 주변 경관이 멋진 곳인 방호정은 조선시대의 조중도 선생이 모친의 묘가 바라보이는 곳에 정자

를 세웠다. 처음 정자의 이름이 어머니를 생각한다는 뜻에서 "사친" 또는 "풍수당"으로 불리었다. 때마침 건물을 수리 중이라 접견할 수 없었지만 'ㄱ'자 형 평면구조로 측면은 팔각이고 전면은 맞배지붕으로 주변 경관과 잘 어울리는 섬세한 기계와 짜임새 있는 구조로 단아하면서도 엄숙했던 선조들의 생활상을 잘 만들어 내고 있다 합니다. 아쉬운 방호정 투어에 미련을 남겨두고 '천탕' '상탕' '중탕' '하탕'으로 구분되는 청송 달기약수터 중탕에서 토종닭백숙으로 점심 식사를 하고 산림조합중앙회 임업인종합연수원에 입성을 하였다.

앞서 행사를 마치고 늦게 합류한 로타리클럽 회장님과 전직 회장님을 비롯한 4명의 대표님들이 합류한 우리 8명의 CEO 대표님들을 압도하는 심리치유 교수님이 주도하는 프로그램에 홀린 듯 빠져들어 자정이 깊어가는 줄도 모르고 격한 감정에 도치되어 과거를 소환한 대표님들만의 색깔 짙은 스토리와 미래의 장밋빛 그림을 그려놓고 있었다.

"화려하고 커다란 꽃일수록 향기가 없고 쪼끄맣고 하찮게 보이는 야생화들이 오히려 더 진한 향기를 풍긴다"는 말처럼 자긍심 높고 자부심으로 어려운 과거를 극복하고 오늘을 만들어온 대표님들의 인생사를 곱씹으며 나 자신을 치유하고 새로운 각오를 다질 수 있었고 상호 간의 친밀한 믿음을 쌓은 뜻깊은 시간이 되었으며 아름다운 밤이 짧아 안타까웠다.

 가슴에 담아 두었던 인생사로 저민 대표님들의 자작시와 평생 품고 온 사랑하는 시를 낭송하고 독송하며 풍류를 누리는 시간 가졌으니 이보다 더한 행복은 없었을 것이다.

 나 역시 도치된 감정을 억제하지 못하고 발표하고 싶었던 나의 스토리에 사족이 붙어서 정작 하고 싶었던 이야기의 본질을 잃고 급하게 마무리 짓고 말았다.

나는 참 좋다

풍요로운 계절의 모퉁이를 돌아서
화려한 가을 옷을
한 올 한 올 벗어놓고
알몸의 나신으로 팔을 벌려서
동장군 맞을 채비하는 모습에
낙엽 한 장 들고
사색할 수 있는 내가 참 좋다.

폭풍우에 잃어버린
계절을 지나오면서
이대로 주저앉을 수 없다는
오기와 멍이던 자존심에
자신을 믿은 고독의 독선으로
오늘을 세워두고 앉을 수 있는
내 의자가 있어 나는 참 좋다.

지치고 힘겨운 슬픈 계절에는
언제나 변함없이
그 순간 그 자리에서
따스한 미소로 위안을 주고
좌절의 가시에게 발목을 잡혀서
버둥거리는 나에게

사랑의 말 한마디로 용기를 주는
네가 있어 나는 참 좋다.

넋두리를 풀어놓고 싶은 날
늦은 밤 술 한 잔의 유혹에 달려올
친구는 하나 없어도
더운 입김을 몰아쉴 때엔
가슴으로 아픔을 보듬고 다독여서
열정의 불씨를 지펴주는
내 사랑이 있어 나는 참 좋다

흙사랑 자연주의
상생으로 울을 쳐서
어우러진 인생살이 한 마당 펼쳐놓고
개똥철학 열변으로 토할 때에
고개로 수긍하며
차린 잔칫상에 왁자지껄 동행하는
사람이 있어 나는 참 좋다

흐르는 공간 넘어
지나가는 인파 속에 묻혀서
낡은 시간에

잊혀진 계절의 바람일지라도
내 작은 어깨에 기대어
내일을 심는 사람이 있고
사랑하는 님과 함께할 세상이 있어
나는 참 좋다.

과학영농의 선구자로, 농림축산식품부 신지식 농업인으로, 귀농 성공사례 발표자로, 어린 시절 교단에 서서 강의하는 선생님의 꿈을 대리만족하며 한강 이남 귀농·귀촌 교육장을 누비고 다닐 때, 그때 그 시절의 자작시를 발표하고 싶은 욕구를 쑥스러움에 꿀꺽 삼키고 말았다.

이른 새벽 04시 30분 연무 속으로 숨어버린 주왕산 오리무중의 산길을 오르내리며 노사연의 노래 「바램」의 가사처럼 아주 큰 것도 아니고 평범한 일상 속에서 행복과 즐거움을 쌓아서 시간이 지나면서 산패하는 식품이 아니라 잘 발효되고 잘 숙성된 식품이 되겠다고 다짐했지만 군위군 일연공원을 돌아 대구광역시로 귀가하면서 내비게이션의 지시를 거부하고 나이만큼 쌓아둔 아집과 독선 탓에 20여 분을 돌아서 법원주차장에 도착할 수 있었다. 그렇게 1박 2일의 청송여행은 깊은 여운과 색다른 의미로 가슴을 울리는 치유여행이 되었다. 마음을 나누며 치유여행을 함께한 일곱분의 대표님께 감사의 마음을 전합니다.

03 휴전선 백령도

 연이틀 풍랑으로 끊겼던 뱃길이 열리면서 60년 지기 중학교 동기동창 25명은 휴전선 서해 최북단 백령도에 안착을 하였다. 호시탐탐 기회를 노리는 적군의 감시 속에 조심스럽게 지켜오는 평화 그리고 세찬 파도와 거친 풍파를 견뎌서 기암괴석의 풍광을 자랑하는 백령도의 비경처럼 20년을 거쳐온 우리 한울친환경영농조합 역시 겉으로는 평온하지만 속내는 답답하다. 그래서 안정과 재충전을 위한 1박 2일의 여행을 가졌었다.
 1995년 초겨울이었다. 추수가 끝난 황량한 구암들 가장자리 논빼미에서 언 손을 부벼가며 막돌을 굴려서 축대를 쌓고 싸늘하게 식은 도시락으로 허기를 채우며 나의 귀농생활은 시작되었다.

▲ 유람선에서 본 백령도

한 치의 오차도 허용하지 않는 공학도가 마케팅은 배우지 않았지만 궁하면 통한다 했던가? 감각적인 실행과 나름대로 4Cs분석으로 4Ps전략을 세워서 친환경농산물로 차별화시켜 소포장과 농산물 리콜제 도입 등 28년 전 그 누구도 생각 못 한 획기적인 STP전략으로 친환경농산물 시장을 개척하며 승승장구하다가 2003년 9월 태풍 매미의 직격탄을 맞아서 9,600만 원 대출로 건립한 수경농장을 잃고 말았다. 하루 두세 시간 잠을 자고 새벽 네 시에 밭에 나가 일을 시작하여 야심한 자정에 퇴근하는 보따리상의 일과로 8년의 노력이 참으로 허탈하였다.

▲ 고독한 용트림 바위

GOP의 초병

이곳은 단 한 발자국도
더 나갈 수 없는 곳
생이별이 흘린 민족의 눈물이
강이 되어 흐르고
빨갛게 까버린 불로지대
북으로 가는 길이 끊인 곳
여기는 G-O-P

유월의 유물 백오십오 마일
어둠을 읽는 초병의 눈동자로
바쁘게 철책을 넘나들던 아우성도
남북으로 놓인 목쉰 스피커에
졸음으로 꾸벅이는 새벽을 부른다

그 여름날 폭음 속에 사라진 마을은
깨어진 기왓장만 뒹굴고
산허리에 차오르는 새벽 안개는
아침밥 짓는 연기인 양 동양화 한 폭인데
개성으로 가는 길을 잃어
철로 위의 구멍 난 철모는
이름 모를 원혼으로 남았구나

천안함 46명 용사들의 희생과 제2연평해전 24명 용사들의 사상과 피의 투혼으로 지켜온 평화를 마치 홀로 선 용트림 바위만이 파도와 즐기고 있는 듯하다. 그 얼마나 긴 세월을 외로운 사투로 거친 풍랑과 파도에 시달려 쌓은 용트림으로 하늘 향해 울분을 쏟은 비경이 아닐지도 모를 일이다.

 2004년 한울친환경영농조합 설립 후 대한민국 특·광역시 내의 최초 친환경농업지구 조성사업을 완수, 2001년부터 홈페이지 개설, 친환경농산물 통신판매(SNS)를 시도, 또한 남들보다 십여 년 앞선 농촌관광체험농장 한울허브농원 개원과 대형유통업체 이마트 13개 점포에 입점, 학교급식 중 친환경농산물 납품을 하는 등 성공과 실패를 거듭하면서도 좋은 성과를 이루었으나 편중된 거래처와 조합원농가의 미나리재배 작목전환에 이어서 축산물판매장 사업 실패 이후로 영농조합의 목적성과 정체성을 잃고 사방이 경쟁자뿐이고 먹고 먹히며 빼앗는 살벌한 삶의 현장에 조금의 협조나 노력도 없이 그저 수수방관하며 등에 빨대 꽂은 조합원만 있을 뿐 혼자만의 고달픈 긴 여정으로 남게 되었다.

형제바위처럼 늘 변함없이 의지하며 같은 곳을 바라보고 동고동락하는 동행인 줄 알았는데 선도농으로 선각자로 이해득실에만 눈먼 그들을 이끌어 왔구나. 그래서 가끔은 뒤통수를 맞기도 했나 보다. 경영부실극복을 위하여 체중을 줄이고 거래처 다변화와 작목전환 및 지역농산물 특화사업의 일환으로 유치한 로컬팜카페8062는 오픈과 동시에 코로나19로 개점휴업이 되고 새벽을 태워버린 화마는 수경시설 하우스 3개 동과 기계실을 숯덩이로 만들고 덩달아 월매출의 1/3인 통신판매 업체의 이탈에 봉착하여 암흑의 터널에서 헤매다가 이제 겨우 코로나가 끝을 보이고 흐릿한 빛줄기 하나를 잡은듯한데 이사들이 생채기에 소금을 뿌린다. 그래서 오직 긍지와 자부심만으로 버텨온 대구친환경농업의 상징, 한울친환경영농조합을 놓아버렸더니 등 떠밀면서 근심 덩어리며 짐 덩어리를 맡기려 하고 있다. 지치고 아픈 나에게….

사방이 바다인 휴전선 서해 최북단 백령도 호시탐탐 기회를 노리는 적군과 거친 풍파와 밀려드는 높은 파도를 이겨내고 방어한 지혜를 배워서 숙제를 풀어보려 했는데 벼랑 위에 위태롭게 버티고 있는 촛대바위가 나의 자화상이 되어 펼쳐지고 있었다.

죽마고우들과 어린 시절 추억 속으로 들어가서 웃고 떠들며 장난치고 밤을 새우며 술잔을 기울여보기도 하고 백령도의 명소를 구석구석 찾아다니며 60년 지기 우정에도 취해서 모든 근심, 걱정을 내려놓으려고 부단히도 노력했는데 돌아오는 뱃길에 풀지 못한 숙제는 급체 되어 견디기 힘든 답답한 속내를 드러냈다. 옆자리 친구들의 따끔한 침 한 방과 소화제, 청심환의 도움으로 안정을 찾을 수 있었다.

이것이 피할 수 없는 현실이면 받아들이고 가족의 힘을 믿고 큰 짐이 버겁지만 지고 가자고 마음을 달래어 본다.

금줄(禁線 휴전선)

무성한 잡초를 뚫고
하늘로 솟은 레일 위에서
달리고 싶은 민통선 철마처럼
잠을 잃은 눈으로
달려온 바람은 목매어 우는데
허용을 거부한 그리움이
너무 짙어서 금줄 걸었네

04 울릉도 & 독도 기행

　한울친환경영농조합 딸기 수확 체험 예약이 15명인데 사오십 명이 몰려와 놀라운데 체험 통 15개만 달고는 우루루 입장하여 헛웃음으로 응대하고 2박 3일 울릉도와 독도 기행 준비에 실랑이할 시간도 없이 다급한 농사일도 밀쳐두고 20시 20분에 법원 앞에 도착하니 먼저 온 영남일보 산우회 집행부가 인원 점검을 하고 있었다.
　신라 장군 이사부가 우산국을 신라에 복속시킨 이후 우리 고유의 영토가 되었다고 알고 있다. 그런데 일본은 임자 없는 땅을 자기네 어부들이 개척한 것을 조선 숙종 때 조선의 관리를 사칭한 안용복 일행들이 요나무라 어부들을 물리적으로 내쫓고 무단으로 울릉도와 독도를 점령했다고 주장하고 있다.
　하지만 진실은 왜구들의 노략질과 침탈이 너무 심하여 백성들을 보호한다는 명분으로 조선의 태종과 세종대왕은 여러 차례에 걸쳐 울릉도 주민들을 육지로 이주시켜 울릉도가 무인도가 되었고 그 틈에 조선 전기에는 일본 어부들이 울릉도와 독도를 제집 드나들 듯 들락거리며 강치와 어족자원을 마구잡이로 거두어가게 하는 빌미를 제공하게 되었다.
　뿐만 아니라 홍길동의 율도국 대마도를 조선의 관리 소홀과 임진왜란 직전에 대마도주의 변심으로 일본에 넘겨주었던 그 대마도에서 안용복 일행은 구금되었고 죽을 고비를 넘어가면서 일본 막부로부터 '울릉도와 독도는 일본땅이 아닌 조선의 땅이다'라는 서계를 받아 왔지만 임진왜란의 트라우마와 당쟁으로 독도는 조선땅, 다케시마는 일본 땅이라는 어처구니없는 말장난을 남기고 안용복은 유배형에 처했다.

그렇게 어리석은 평화논리가 부른 일본의 독도침탈은 아직도 계속되고 있는 것이다.

그러한 일본의 독도영유권 주장에 대한 잘못을 지적하고 독도지킴이 우리의 각오를 다지는 독도 퍼포먼스를 영남일보 CEO아카데미 산우회에서 한다기에 동참하기로 하였다.

울릉도 크루즈 시다오를 찾아가는 길도 만만치 않았다. 버스 기사님은 흰 지팡이를 잃은 장님처럼 선착장 가는 길을 헤매다가 승선시간을 놓칠 뻔하고 종종걸음으로 겨우 승선을 하였는데 또 방 배정표와 승선권에 쓰인 방 배정이 달라서 한바탕 소동이 있고 나서야 우리 23기 원우 7명은 자청 솔선으로 나선 정 대표의 비타민과 선크림, 스킨, 기능성 화장품 등 선물 공세와 함께 한자리에 모일 수 있었다.

맥주로 가볍게 시작하였는데 자연스럽게 소맥으로 가더니 공록주(38%)로 이어지면서 허 대표와 정 대표가 화기애애한 분위기로 만들고 대표님들의 난상공론이 가판 밖으로까지 이어지고 잇따른 노랫가락을 보태어 흥으로 한바탕 놀고 허 대표의 암 투병기 허*용 대표의 질곡의 의료기기 인생사로 배움의 시간을 나누며 아름다운 추억의 밤을 새겨두고 다음을 약속하니 아쉬운 새벽에 쫓겨났었다.

선상에서 해돋이 볼 수 있는 기회는 놓쳤지만 상쾌한 아침이라 독도 접안은 순조로웠다. 3대가 덕을 쌓아야 허락한다던 독도 접안이라는, 그렇게 어렵다던 독도 접안도 단숨에 이루었다. 가파르고 낡은 나무계단 가까이에는 갈매기들이 불안한 눈빛만 두리번거리며 알을 품고 있었다. 불의의 침입자들에게 내 영역이니 나가라고 말도 못하고 불안한 경계심으로 자식을 지키는 모정으로 알을 품고 있는 모습에 우리의 자화상이 겹쳐서 안쓰럽고 쓸쓸하였다. 역시 창업보다 수성이 더 어렵고 위험하듯이 일본의 야욕에서 우리 독도를 지켜내야 한다는 각오로 다시 한 번 더 다짐하였다.

그렇게 울릉도로 돌아오는 길에서 높은 파도와 강풍은 나약한 퍼포먼스에 화가 난 듯 우리의 배를 롤러코스터 마냥 마구잡이로 흔들고 있었다.

하늘빛에 물들어 바다 색깔이 옥빛인지 알 수 없지만 옥빛 바닷속은 미역이 춤을 추고 엉덩이는 아래위로 흔들흔들 울릉도 일주도로를 따라 나리분지에서 늦은 점심을 먹고 코끼리바위, 사자바위, 거북바위 등 기암괴석 위에서 뿌리내린 소나무가 가르쳐주는 진귀한 생존의 존귀함과

3무5다의 울릉도 약초 이야기를 쉴 새 없이 방송하는 기사님의 재담과 놀라운 운전실력을 더해서 행복도 울렁울렁 웃음도 춤추는 울릉도 일주도로 여행을 마치고 라페루즈 리조트에서 휘영청 밝은 보름달 아래 화려한 바베큐 밤으로 마무리하였다.

 영남일보산우회 등산조 22명은 7시부터 성인봉 정상을 향하여 등산을 시작하였다. 어쩌다가 우리 23기 원우 네 명과 함께 선두로 나서게 되었다. 처음부터 가파른 산길은 쉽게 길을 내주지 않을 것 같았습니다. 격한 숨소리를 몰아쉬며 한참을 오르고 또 오르니 내리막길도 만나고 평탄한 길도 찾아왔다. 어차피 내려올 것인데 왜 등산을 하느냐고 많은 질문을 받을 때 나는 정상정복이란 쾌감도 있지만 내려오는 방법을 배우기 위하여 등산을 하는 것이라고 답을 한다.
 그래서 미래를 알 수 없는 우리네 삶에서 목표를 세우고 앞만 보고 전력질주를 하고 때로는 등산길에서 지금처럼 재충전하거나 속도 조절을 할 수 있는 내리막길과 평탄한 길을 만나듯 인생사 역시 속도 조절과 재충전을 위한 기회와 계획을 세워야 할 것이다.
 등골을 타고 내리는 땀방울 사이로 파고드는 산들바람이 고맙고 반가웠다. 헉헉거리는 숨소리 따라 폐부 깊숙이 상쾌한 산바람이 파고드는 행복감에 취해서 잠시 발길을 멈추니 맑은 산새 소리가 펜데믹으로 갇힌 가슴을 활짝 열어주었다.

그렇게 짙은 숲길 따라 오르내렸더니 하늘이 열리고 더 오를 곳이 없는 성인봉 정상을 발아래 둘 수 있었다.

1시간 40분의 등산을 마치고 하산길에 나섰다.
여유로운 하산길을 택해야 앞사람 뒤꿈치만 쳐다보고 오르느라 놓친 주변과 먼 풍광을 즐길 수 있기 때문이었다.
하산 역시 선두에서 산을 오를 때 놓친 팔각정 전망대와 출렁다리 등에서 행복을 즐기며 내려오는 유연함으로 즐기는 방법을 배울 수 있었다. 모든 산행은 등반보다 하산할 때 사고가 많은 것처럼 우리 인생사 역시 크든 작든 성공이란 정상정복을 하고 정점에서 하향곡선을 그을 때 안전한 안착을 위한 준비와 설계가 있어야 할 것이다. 사실 많은 정치인들과 하루아침에 명예를 잃어버리는 사람들은 하산길 즉 내려오는 길을 잃어버려서 또는 내려오는 길을 못 찾아서 추락이라는 사고로 끝을 맺는 것이 아닐까 한다.
가슴 떨릴 때 떠나야 한다는 여행이란 단어에 안전하고 즐거운 산행을 마치고 호박막걸리 한 잔에 행복을 띄워놓고 또 하나의 성인봉 산행의 추억을 새겨놓았다.

한탄강

서슴없이 한 토막
싹둑 잘라서 암벽 아래로
투혼이 흐른다

못다 핀 꽃망울이
서리 맞아 고스러지고
그 여름날의 폭음으로 몸을 사린
용사의 선혈이 엉켜 굳은 틈 사이로
아우성치는 원혼이 흐른다

부릅뜬 눈동자들
가슴 에인 시퍼런 한이
층층으로 가라앉아 세월에 씻겨서
오열하던 외침은 희미한 메아리 되고
사라진 안타까움만 굽이쳐 흐른다

당신의 길로 접어들던 그날부터
부름의 소리는 소용돌이로 부서지고
남북으로 걸친 지옥의 다리에서
목놓아온 통곡의 삼십여 년
말 없는 메아리 우리는 한 가족

05 한여름 밤의 꿈과 낭만으로

  영남일보 CEO아카데미 총동산우회의 8월 특별산행은 무주구 천동계곡에서 '한여름 밤의 꿈과 낭만으로' 결정되었던 것이 갑자기 속리산 문장대 및 견훤산성과 한성연수원으로 변경되었다.

  살아평생 세 번 오르면 극락에 갈 수 있다는 문장대는 어린 시절 법주사 쪽으로 올랐던 흐릿한 기억이 있다. 아침에 팔공산에서 출발할 때는 흐렸던 날씨가 아양교에서 버스를 환승하면서부터 비가 내리기 시작하였다. 걱정 반 근심 반으로 법원 앞 탑승장에 도착하니 예정된 인원의 절반 가까이 불참하였다. 그런데 상주가 가까워질수록 비가 그치고 하늘이 개기 시작하였다. 김용덕 회장님의 말씀처럼 복 받은 분들이 많아서 덕분에 하늘이 맑아져서 15명이 문장대 정상조로 출발할 수 있었다.

가을장마가 금방 지나간 뒤라 계곡의 물소리는 오케스트라 합주곡을 연주하고 가끔씩 추임새로 들려주는 산새 소리가 정겹게 들리고 촉촉한 습기를 머금은 골바람이 상쾌함으로 원우들의 환한 웃음꽃으로 피어났다.

속리산은 아홉 개의 봉우리가 있다 하여 구봉산, 광명산, 미지산, 형제산, 지명산, 소금강산 등으로 부르기도 하였다. 태백산맥에서 남서쪽으로 뻗은 소백산맥 줄기 가운데 우뚝 솟은 속리산(1,058m)은 신라시대 때는 속리악으로 불렸다는 기록이 있다.

선덕여왕 5년(784년) 고승 진표가 이곳에 이르자 밭 갈던 소들이 모두 무릎을 꿇었다 한다. 이를 본 농부들이 "말 못하는 짐승도 저러한데 하물며 사람들에게는 오죽하겠냐"며 속세를 버리고 진표를 따라 입산수도 하였다 하여 속리산이 되었다는 설화가 있다.

속리산은 최고봉인 천왕봉을 중심으로 비로봉(1,032m), 문장대(1,054m), 관음봉(982m), 길상봉, 문수봉, 보현봉, 수정봉, 묘봉 등 9개 봉우리를 형성된 우리나라 8경 중 하나로 화강암 기봉의 명산이다. 또한 천년 고찰 법주사를 품은 울창한 산림과 봄에는 산벚꽃, 여름에는 푸른 소나무, 가을에는 붉은 단풍, 겨울에는 설경이 유명한 명산이다.

자연석 돌계단과 나무계단으로 오르막길로만 이어진 문장대로 오르는 길은 언어가 짧아서 표현할 능력이 모자라 감탄사만 쏟으며 땀으로 흠뻑 적시고 허벅지의 뻐근함을 느끼면서도 오히려 입가에는 웃음이 피어나고 있는 것은 왜일까?

하늘 높이 치솟은 바위가 흰 구름과 맞닿는다 하여 운장대라 하였는데 과언이 아니었다. 문장대에 오르니 때마침 운무가 춤을 추듯 발아래 깔아주니 구름 탄 신선이 바로 나였구나! 천년바위를 끌어안고 벼랑 끝에서 안절부절하는지? 무한한 능력을 자랑하는지 알 수 없는 소나무는 비경을 연출하고 있었다. 어쨌든 이 순간만은 무상무념의 신선이고 싶다.

유심초(留心草)

언제나 동경의 빛깔로
가슴을 심어서
밤을 품고 누워 별을 헤면
작은 소망이 부서지고
다시 일어나는
축배의 슬픈 곡조는 저며오는데
바람이 일기도 전에
먼저 쓰러져야 하는 나약함으로
밤새껏 굴러온 아픈 한 방울을
풀잎 끝에 올려서
아침 햇살 웃음을 받았구나

　최초로 소나무에게 벼슬을 내린 세조가 피부병을 치료하기 위하여 전국 명소를 찾아다니던 중 이곳 운장대에서 시문을 짓고 쉬었다 하여 문장대가 되었다는 속설이 있는 문장대와 입석대, 신선대, 경업대, 배석대, 봉황대, 학소대, 산호대, 등 8대와 8석문이 있다. 천왕봉, 길상봉, 문수봉, 보현봉, 관음봉, 수정봉, 묘봉 등 8봉은 충북 보은 쪽에 있고 문장대와 은폭동계곡, 용유동계곡, 쌍용폭포, 오송폭포, 장각폭포, 옥량폭포, 용호온천 등의 명승지는 상주 쪽에 있다.
　문장대 정상에 올라 두 팔 벌려 하늘을 안고 보니 마중 나온 산바람에 기쁨의 환호가 절로 나온다.
　그렇게 두 시간을 등정을 마치고 풀어놓은 도시락은 허기를 더한 꿀맛이었다. 기쁨과 행복한 추억을 만들어 각자의 가슴에 나누어 담아두고 하산을 시작하였었다. 가파른 돌계단을 내려다보니 올라올 때는 그저 숨만 가쁘다 여겼는데 정신이 아득하였다. 내가 저렇게 험한 길을 이겨냈구나 하는 자부심과 저 길을 어떻게 내려갈까 하는 두려움이 교차되어 속도 조절을 하면서 천천히 하산을 하였고 자연히 잔잔한 침묵의 묵언으로 지난 과거와 난잡한 사업을 소환하고 더듬어 다듬다 보니 어느덧 그 옛날 오송정도 오송 마저 흔적도 없고 거침없이 쏟아 놓는 폭포수 오송폭포를 만날 수 있었다. 하염없이 쏟아지는 폭포수에 탁족을 하니 세상 시름뿐만 아니라 오늘의 피로까지도 씻은 듯 사라지고 기쁨으로 피어났다.

그 시간 또 다른 팀, 문화탐방조는 후백제를 건국한 견훤의 고향이자 최초의 본거지를 찾아 견훤산성을 답사하고 있었다.

견훤은 상주 호족 아자개의 아들로 태어나 신라의 비장으로 활동하다가 난을 일으켜 신라의 북쪽 지역에서 서라벌로 공납물을 나르는 길목인 이곳 견훤산성과 성산산성 잇는 견원성에서 활약하면서 세력을 키워 효공왕 4년에 완산주에서 도읍을 정하고 국호를 후백제라 하였다.

고대국가 개국왕들은 탄생 신화를 가지고 있는데 후백제를 개국한 견훤왕 역시 상주지역에 구전되어오는 견훤의 탄생신화가 있다. 상주의 아주 큰 부농 안채별당에 과년한 규수가 있었는데 밤마다 붉은 도포를 입은 건장한 도령이 나타나서 규수를 품고 운후의 정을 나눈 후 새벽 닭이 울기 전에 말없이 사라지고 다음 날 깊은 밤이 되면 또 찾아와 운후의 정을 나누고 어디 사는 누구냐고 물어봐도 300일만 기다리라는 말만 남기고 새벽이면 사라지는 일이 반복되었다 합니다. 고민 아닌 궁금증과 걱정으로 끙끙 앓던 규수가 모친과 의논하여 묘책을 냈답니다. 그 날도 운후의 정을 나누고 의관정제를 하고 떠나는 도령의 도포 자락에 명주실을 꿴 바늘을 꽂아두었답니다. 새벽이 지나 아침나절에 그 규수가 명주실을 따라가니 안채별당 후원을 지나 왕대밭 넘어 담 밑에 큰 토굴 있는데 그곳에 집채만 한 검붉은 토룡이 바늘에 찔려서 죽어가고 있었답니다. 그날 이후 배가 불러서 열 달 만에 태어난 사람이 견훤왕이었답니다. 그때 그 규수가

300일을 참고 기다려 주지 못해서 토룡이 죽었기에 최강의 군사력을 가졌음에도 견훤왕은 후삼국을 통일하지 못하고 아들 신검에게 배신을 당하고 결국 왕건에게 항복하게 되었다는 구전신화입니다.

견훤산성은 천연암석과 지형지물을 최대한 활용하고 자연암반 위에 성벽 안팎을 활석으로 장바위산 정상부를 따라 축조한 퇴뫼식 산성으로 보은의 삼년산성과 축조방법이 비슷한 삼국시대의 몇 안 되는 사각형 산성입니다. 길이 650m, 면적 35,702m² 계곡을 접한 곳은 성벽 높이가 15m 이상 자연암반 위에 쌓은 성벽은 4~5m 화강석으로 쌓았으며 동쪽과 서쪽에 끝부분에 남북으로 발굽형의 돌출된 망대를 두어 적들의 경계와 행인들을 감시통제를 하였다 합니다.

　문장대 정상조가 한성연수원에 도착할 때까지 명랑운동회가 아직도 끝나지 않고 있었다.
　저녁 만찬 후 이번 행사의 진미 "한여름 밤의 꿈과 낭만으로" 국민가수 남궁옥분이 "사랑 사랑 누가 말했나…." 개막을 열었다. 다소 음향이 미진했지만 밤이 깊어질수록 혼신을 다해서 꿈과 낭만으로 깊숙이 몰아가 주었다. 그렇게 밤이 깊어질수록 꿈과 낭만으로 빠져 2부 영남산우회 장기자랑으로 또 하나의 즐거운 추억을 만들어 놓았으니 먼 훗날 기억 속에서 웃음꽃을 피우리라.

분수(噴水)

벌거벗은 태양을 이고 선
아스팔트의 정오
풀잎마저 고개 숙인 굴복의 방황으로
숨 막히는 가슴 뚫고 치솟은 통쾌한 분노

순종하는 로터리에서
남을 닮은 모습이 싫어 돌출된 선망
자연을 거역한 눈물의 곡예를 뿜어서
쓰러지면 또 다시 일어서는 위대한 분수

스스로 쌓아온 제 모습을
지워야 하는 아픔으로
부서지는 육신을 허공에 뿌리는
독기의 형상에 섬뜩한 더위가 녹아내린다

06 파타야의 추억

 딸기 삽목묘 재배 및 쌈 채소 정식작업 등 서둘러야 하는 작업만 대충 정리하고 저녁 비행기 타기 위하여 나섰다.
 막상 대구공항에 모여보니 나 혼자 망설였던 23기 첫 해외여행이 아니었다. 대부분의 영남일보 CEO아카데미 23기 동기분 또한 많은 갈등을 앓다가 의무감 반, 설렘 반으로 여행에 참여했다 한다.

 새벽 2시에 방콕 쑤완나공항에서 캔유여행사 김진국 부장님을 만나 버스를 타고 1시간 40분을 이동하여 새벽 4시에 파타야 자인호텔에서 여장을 풀고 잠시 눈을 붙인 후 7시 30분에 아침을 먹고 8시 30분에 출발하여 1시간여 이동 끝에 도착한 3만 평의 인공호수에 재래식수상가옥으로 꾸민 테마공원 플로팅마켓에서 8천 원 행복에 빠져서 쇼핑으로 보내고 시간에 쫓기어 코끼리트레킹 장소로 이동하며 파타야 관광은 시작하였다.

태국관광의 랜드마크 인 알카라쇼 관람에 이어 야시장(RUNWAY STREET FOOD)에서 악어바베큐와 두리안 망고 특식 그리고 스카이 갤러리에서 달달한 칵테일 한잔을 띄워놓고 다소 서먹하고 어정쩡한 마음의 빗장을 풀어놓고 열여섯 분의 인향이 짙은 웃음꽃을 피웠다.

WALKING STREET에서 김 회장의 금장 도금 핸드폰 분실 사건은 다행히 헤프닝으로 간담을 쓸어내렸는데 핸드폰 분실 헤프닝은 강 국장이 한 번 더 보태면서 야단법석을 떨었었다.

럭셔리 요트에서 선상파티에 이어 바다낚시와 스노쿨링 그리고 바람난 선상에서 춤사위와 유흥을 취하고 더 돈독해진 동기애에 취해서 23기 동기분이 풍겨내는 인향에 더 취하더라.

사랑 이야기(戀歌)

따사로운 봄바람이 불던 날에
아지랑이 사이로
나폴거리는 노랑나비처럼
내 가슴에 살포시 내려앉은
사랑 이야기랍니다

쇠똥구리처럼 거꾸로 매달려서
흙으로 족쇄를 채우고
등치보다 큰 일덩이를 굴리면서
어설프게 희죽희죽 살아가는
농군이 있었답니다

무심결에 고개 돌린 짧은 외출이
사색의 길로 접어들어
인연의 끈으로
만남의 매듭을 엮어
그리움으로 쌓았답니다

술 한잔에 퍼들어진 마음을 열고
둘이는 음악에 취해서
분위기에 취해서
연정을 삼아
애정의 집을 가꾸었답니다

그윽한 눈빛에 마주 앉은 꽃으로
두근거리는 설렘에
빗장을 풀고
첫사랑의 빛깔로
작은 연인이 되었답니다

그 여름날 소나기 같은 신선한 충격으로
진한 입술 향기는 메아리 되어
내 맘에 울고
바람으로 흩어지는
애절한 사랑의 연가가 되었답니다

촉촉한 여린 마음으로 내 가슴을 열어
고단한 짐을 풀어내리는 연인은
어깨를 부비며
흔적없는 그림자로
숨바꼭질 사랑을 하였답니다

뺑긋한 도래질이
너무 예뻐서
품에 담은 가을 연인은
가늘게 떨리는 독백으로
슬픈 연가의 서곡을 불렀답니다

그리움의 향연으로
애잔하게 사랑을 하고
쌓아둔 솜사탕 같은 연정을
추억의 갈피에 담으면서
아리한 사랑을 하였답니다

둘이는 사랑했기에 미안하고
사랑하기에 가슴 아프게
보내야 하는 서러움에
팔공산도 들썩이는 슬픈 연가로
애잔한 합주곡을 불렀답니다

만추의 계절 새벽 날에
사랑의 외투를 벗어두고
통곡으로 열애를 태워서
이슬 꽃이 된 내 가슴 속
진주 같은 사랑꽃 이야기랍니다

"님은 꽃이 되고 나는 나비 되어
바람에 묻혀 가던 날에
사랑의 연가는 아픔으로 돌아나고
텅 빈 가슴에는 싸한 바람만 돌아
먼 산 바라보니 그리움이 걸려 있네"

백만 년 나무화석과 바위가 어우러진 백만 년 바위공원 & 악어농장, 럭셔리 요트와 욧시암 크루즈에서 2회의 선상 파티, 힐튼호텔 루프탑에서 파타야 야경을 즐기며 칵테일 한잔, 왓포사원과 아시아티크 쇼핑 관광 그리고 하루의 피로를 풀어주는 두 번의 태국전통 마사지 등 웃고 즐기는 사이에 3박 5일은 빨리도 흘러간 것 같았다.

서로 다른 인생길을 걷다가 우연인지 필연인지는 알 수 없지만 어느 날 영남일보 CEO아카데미 그것도 23기 동기로 만나 각기 다른 여러 분야에서 그동안 쌓아온 개성 높은 활동과 성과를 백만 년 나무화석과 바위공원의 조경수에 빨강꽃, 분홍빛, 하얀꽃 등 여러 가지 색의 꽃이 접목이란 결합으로 한 나무에 피어있는 것처럼 각각의 23기 동기분의 특성을 접목하여 배려와 화합으로 하나된 아름다운 동행이 계속 되기를 바라봅니다.

"행복한 동행, 23기 행복에 빠지다."

07

장가계 천자산

 철없는 코스모스는 5월에 활짝 피더니 6월은 벌써 찜통더위로 기세가 대단하다. 농사일은 해도 해도 끝이 없고 나라는 온통 범죄자들의 밥그릇 싸움에 난장판이다. 무엇을, 어떻게, 어디로, 해야 하고, 가고 있는지, 대책도, 방법도 없이 방향을 잃고 우왕좌왕하며 헐레벌떡 설레발을 치며 헛힘만 빼고 있다. 이럴 때는 오히려 잠시 멈추어서 에너지를 비축하고 또 다른 지혜와 기획을 도모해야 하는 것도 한 방법일 것이다. 인구절벽 시대에 맞이한 코로나 팬데믹과 함께 찾아온 경제불황을 헤쳐나갈 대책과 방법의 모색이 필요한 잠시의 휴식과 충전의 시간을 가지기로 하였다. 그래서 이번 영남일보산우회 해외 특별산행 3박 4일(6월 13일~6월 16일) 장가계 천문산 & 천자산 여행에 참여하게 되었다.

 장가계의 원래 명칭은 다융시로 중국 공산당 근거지며 우리나라의 경상남도 면적보다 조금 작은 중국 최초의 삼림공원이다. 1994년 장가계로 개칭한 이곳은 3억 8,000만 년 전 바다가 융기하여 1,500m 고원이 형성되고 장구한 세월 동안 퇴적암, 역암층, 사암과 석회암 등의 약한 부분은 깎아져 내리고 단단한 이암만 남아 물형석과 기암괴석의 산봉우리가 무릉원(복숭아가 없어서)이 되었다 한다. 또한 영화 아바타 촬영지로 명성을 떨친 천자산의 아찔한 절벽을 연결한 자연교각 천하제일교와 공중의 천연동굴이 하늘로 통하는 천문을 통과하는 멋진 에어쇼로 세상에 알려진 천문산이 있으며 200일 이상 비가 와서 온도가 높고 습한 기후지만 곳곳에 에스컬레이터와 엘리베이터, 케이블카와 리프트 등이 설치되어 있어 일명 효도 관광구라 한다.

 한나라가 천하통일 후 개국공신들을 한신과 같이 토사구팽 당할 것을 미리 예감한 장량은 개국공신의 큰 하사품을 사양하고 병을 핑계 삼아 이곳 후난성(湖南城) 장가계로 내려와 흙에서 나서 흙에서 자란 사람이라는 토민 즉 토가족의 나라 천자국 무릉원에서 신선처럼 살았다 한다. 토착 초기 장량은 토가족의 거칠은 저항을 베 짜는 기술과 농사법을 전수하여 극복하였으며 여태후가 장량에게 반란의 누명을 씌워 이곳을 쳐들어왔을 때에는 험준한 지형을 배후로 삼고 토가족들과 합심하여 물리치니 토착 지역민 토가족의 신임과 존경을 받아 많은 주민들이 장씨 성으로 개명하여 장씨의 집성촌인 장가계가 되었다 한다. 이곳은 험준한 산악만큼이나 인성이 거칠어 크고 작은 전투가 많았으며

산적들이 들끓어서 악산악수(惡山惡壽: 목숨 두고 가든지 재물을 두고 가든지)라는 일화가 있다 하였다.

6월 13일 대구공항 저녁 비행기로 출발하여 장가계공항에 도착 후 썬사인 호텔에서 여장을 풀고 다음 날 장가계의 자랑 천문산 풍경구 장가계 대협곡 유리다리(항공자재와 99개의 유리로 건축한 400m이며 800명이 동시에 건널 수 있음)를 건너서 교동체험센터에서 유리잔도를 지나 무지개광장에서 단체 기념사진을 촬영하고 다시 관광엘리베이터를 타고 수직상승하여 일선슬라이드(미끄럼틀)를 타고 난 후 다시 엘리베이터를 타고 교동체험센터로 돌아와 티타임을 가지고 다시 대협곡 유리다리를 건너 원점회귀하여 점심 식사를 위하여 황금성으로 이동하였다.

점심 식사 후 세계 최장 7,455m의 케이블카(8인승)를 35분간 타고 도착한 장가계 천문산 정상 동쪽 관광코스는 총 3.7km라 한다. 천문산 자연생태보호구역이며 귀곡잔도와 1,000m 높이의 절벽 위에 공포감과 자극을 주기 위하여 유리잔도로 되어있었다. 원시림과 같은 숲과 기암괴석 그리고 수려한 아름다운 풍경이 펼쳐있고 높은 곳에서 천문동을 내려다볼 수 있었다. 에스컬레이터 7개를 타고내려서니 천문동 999계단 앞이었다. 번갯불에 콩 구워 먹듯 바삐 사진을 담고 다시 엘리베이터 5개를 타고 또 28인승 중국산 케이블카를 타고 다시 쾌속엘리베이트타고 천문호선 공연장 광장에 도착하여 발 마사지장으로 이동하여 장가계 첫날의 여정을 마무리하였다.

영남일보산우회의 우정과 화합을 다지는 저녁 만찬은 빨간 팬티 사건으로 절정을 이루고도 모자라서 모 동기회는 하얗게 불태운 밤을 보듬어 긴 여운의 추억을 가지게 되었다.

주정(酒情)

비틀거리는 하늘 한 조각을 잡고
욕심으로 꾸역꾸역 삼켜서
삭히지 못하고 울컥하는 사연들을
가슴으로 쏟아 놓으니
춤추는 술잔은 쓰러지고
유체이탈의 끝자락에서
바닥을 긁어 찢어놓은 욕 찌꺼기까지
토해버린 추악한 육신을 벗어두고
너를 안고 꿈속으로 가련다

다음날 아침에는 간밤의 진하게 나누었던 주정(酒情)의 여파로 결국 두 명의 낙오자를 호텔에 남겨두고 늦은 시간에 황룡동굴로 출발히였다. 아름다운 석순과 기이한 형상의 종유석이 자라는 석회암 황룡동굴을 배를 타고 유람을 하다가 배에서 내려 계단을 오르내리며 현란한 조명 아래 한껏 자태를 뿜어내는 기이한 형상의 석상을 감상하며 돌아 나왔다.

원가계의 유래는 당나라시대 황소의 난 실패로 그 무리 중 원씨 성을 가진 장수가 도주해와 심산유곡에 은거하면서 자신의 성을 따서 경계를 삼고 원가계라 하였다. 또한 기기묘묘한 협곡과 난공불락의 요새에 자리 잡은 토가족 산적두목 향대곤이 향왕천자라 칭하면서 천자산이 되었다 한다. 협곡을 따라 5km 정도의 기이한 봉우리와 암석들이 펼쳐져 있는 모습이 한폭의 수목화 그 자체로 무릉도원의 극치를 모노레일을 타고 십리화랑을 관람하였다.

백룡엘리베이트(약100층 높이의 절벽에 설치한 수직 엘리베이트) 탑승장 까페에서 아이스 아메리카노로 짜증스런 더위를 씻고 세계 제일 관광전용

엘리베이터로 335m를 순식간에 올라 천자산 풍경구와 셔틀버스를 타고 원가계 풍경구 관광에 나섰었다.

"눈앞에 펼쳐지는 장관이 미처 바라보기도 힘든데 손이 하여 어찌 붓을 들 것이요, 혀가 있다 하여 필설로 나타낼 수 있으랴!" 라는 말은 장가계가 얼마나 멋진 곳인지 만인에게 전달하는 적절한 표현인 듯하다. 카메라 성능이 아무리 좋아도 실상을 보느니만 못하니 말과 글로써 표현함이 모자라고 카메라에 담기도 부족하다. 그래서 향왕천자가 전쟁에서 지고 황제를 향해 붓을 던졌다는 어필봉이며, 아름다운 절경에 정신을 잃는다는 미혼대, 선녀가 꽃을 뿌려놓은 듯한 비경의 선녀헌화, 천대서해 등등의 이야기를 꾸며 놓았나 보다.

▲ 혼이 빠져 정신을 잃는다는 원가계 미혼대

벗에게

그냥 네가 좋아서
여보게 불러 두고
술 한 잔에 띄운 가슴 진한 이야기를
품에 안아 벗이 되고
손바닥 위에 세상을 올려놓고
희롱하며 우리 한번 놀아보세

벗이여 불러와서
의로운 인연으로 맺어 두고
굴레 따라 흐르는 연륜 위에
인생의 잔 띄우고
오늘을 짓는 풍운아 되어
자네와 나 구름과 바람처럼 살아가세

|높이 400m 바위 두 개가 자연적으로 연결된 20m 다리인 천하제일교|

원가계 최고의 걸작품인 아찔한 절벽 위의 천연석교 천하제일교는 영화 「아바타」에서 남자 주인공이 날것을 타고 이 석교 밑으로 통과해서 더욱 유명세를 탔지요. 다시 셔틀버스를 타고 돌고 돌아 천자산 케이블카(길이 2,084m)를 타고 천자산 풍경구를 하산하고 시간에 쫓겨서 8인승 택시로 관광버스 탑승장으로 이동하였다. 그리고 저녁 식사 후 천문산을 배경으로 장예모 감독이 연출한 「천문호선」 중국판 선녀(여우)와 나무꾼 사랑 이야기 공연관람으로 중국에서의 마지막 밤을 그리고 있었다.

세 번째 날 아침은 보이차 쇼핑센터에서 많은 시간을 잃고 토가족이 운영하는 반은 인공적으로 개발하고 반은 천연으로 꾸며진 보봉호로 나섰다. 중국의 소수민족 중 7번째로 많은 835만 명의 토가족은 춘추전국시대 때 산적이 되어 향왕천자가 천자국을 건설하여 무릉원에 집단거주하게 되었다 한다. 토가족은 모계중심사회이며 처녀가 총각의 발등을 밟아 청혼하는 풍습이 있으며 처녀는 곡가(哭歌)를 부르며 시집을 간다 하며 백호의 후손이라는 신화를 가지고 있어 백호 숭배사상이 있다고 한다. 그래서 그런지 남자들은 용맹스럽게 전쟁과 싸움을 잘하는 전사적인 기질이 풍부하며 명나라 10만 대군을 3천 명의 병사로 대적하였다 한다.

 유람선이 지나갈 때 토가족의 선남선녀가 나와 꾀꼬리 같은 목소리로 노래를 불러주었다. 아쉬움이 많은 3박 4일의 장가계 여행은 아름다운 절경에 정신을 잃은 탓일까 장가계공항에서 여권을 잃어버린 한 분 때문에 몽땅 토가족에게 잡혀서 머슴살이할 뻔했는데 최구조 대장이 구조하여 무사귀환 하게 되었다.

 "산에서 높이를 배우고 숲에서 푸르른 기상을 수련하고 계곡의 물에서 청아한 맑음을 닦으라"라는 어느 현인(산사람)의 말씀을 되새겨 봅니다.

제4장

부록 (영농일지)

01
노지딸기 삽목묘 재배

2021년 10월 7일 날씨 맑음, 최저기온 섭씨 13도 최고 기온 섭씨 27도.

미대동 561번지 딸기밭에 딸기꽃이 피었다. 오늘부터는 pH 5.7, E.C 0.8로 양액을 공급하기 시작하였다.

딸기농사의 시작은 육묘부터다. 얼마나 실한 딸기모종을 확보하느냐가 그해 농사를 좌우한다. 딸기육묘 방법에는 영양번식으로 런너를 유인하는 방법과 런너를 잘라서 삽목하는 방법 그리고 아직은 연구 중이지만 씨앗을 파  종하여 육묘하는 방법들이 있다. 그중에서 나는 무차광, 무비닐의 노지딸기 삽목묘 재배법을 선택하였다.

비닐하우스 개폐파이프를 교환한 폐파이프와 바닥멀칭 비닐로 노지딸기 육묘장 선반제작(폭 125cm, 높이 90cm, 길이 40m)을 6명의 인부와 450만 원으로 하였다.

스프링쿨러는 25mm 농업용수 관 2롤과 광분사노즐(200개)을 사용하여 선반 위 80cm 높이로 광분사노즐 간격은 60cm로 설치하였다.

스프링쿨러 관수와 양액(점적테이프는 5cm간격)공급 급수관는 별개로 설치하였다. 그리고 연결포트는 강진농업기술센터에서 개발한 18구 포트가 기준이 된 육묘선반설계로 전체 노지딸기 육묘장 설치비는 800만 원이 소요되었다.

1월 30일 딸기모주를 정식하여 5월 중순부터 6월 중순까지 런너를 받는다. 모주 관리는 딸기 엽 수를 8매로 유지하며 액아와 꽃대를 제거하고 1주일 간격으로 병해충방제(주방 세제용 락스를 500배 희석)를 한다. 런너 채취는 뿌리가 돋아난 런너나 뿌리촉이 나타난 것으로 딸기잎 3엽이 확보된 것을 5월 20일, 6월 3일, 6월 15일 등 3차례에 걸쳐 실시하였다. 나야가라식으로 받은 런너를 일시에 잘라서 500배 락스물에 30분 침지 소독 후 런너를 뿌리촉이 있거나 뿌리가 형성된 것만 골라서 덧잎을 깨끗이 뜯어내고 런너 줄기를 5cm 내외로 절단하여 200개씩 흑색 비닐봉투에 담아 섭씨 4도 냉장고에 보관하였다.

 연결 포트에 딸기 전용 상토(혼합상토: 상표명 명진주)를 다져 채우고 6월 19일 딸기 3잎이 확보된 런너를 포트지름의 2/3되는 지점에 고장핀으로 런너를 흔들리지 않을 정도로 가볍게 꽂아 삽목을 실시하였다. 런너 삽목작업 진행 중에도 분무기를 이용하여 자주 물을 뿌려 잎의 수분을 유지시켰다. 딸기 런너 삽목작업 완료 후에는 타이머를 설치한 스프링쿨러로 삽목 후 5일까지는 10분 동안 광분사 포그로 분사를 하고 20분 동안은 휴식으로 작동시켰으며 6일째부터 10일까지는 10분 분사, 30분 휴식으로 광분사 포그를 실시하였다. 딸기 런너 삽목 후 10일부터 1일 5회로 3분 동안 E.C 0.6으로 양액을 공급하였다.
 7월 9일 딸기삽목모의 잎 수를 3잎 유지하며 묻힌 관부는 노출시켜주고 적엽과 동시에 고정핀을 뽑아 주었다. 일주일 간격으로 7월 23일까지 두 차례 더 적엽을 실시하여 9월 10일 정식에 딸기묘잎 5엽을 확보하였다.

 딸기묘 병해충 관리는 500배 락스물로 매일 아침에 1회 엽면 살포하였으며 비 온 뒤에는 딸기잎 뒷면에 붙은 상토를 씻어내리듯 흠뻑 살포하였다. 그리고 8월 10일 이후는 양액 공급을 중단하고 물만 1일 3회/7분으로 공급하였다.

 7월 9일부터 8월 15일까지 태양열 소독을 실시한 본밭에는 8월 16일부터 1일 8회로 물을 공급하여 배지를 충분히 적셔주었다. 9월 10일 정식 후 양액(E.C0.6, pH 6.2)을 5~8회/일 공급하면서 정식 후 초기에는 다소 높은 pH와 차광막 씌워 활짝 유도 관리하여 영양생식 성장을 도우며 10일 간격으로 E.C0.8까지 높여주었다.

 그렇게 무차광, 무비닐 친환경 딸기삽목모는 탄생하였다.

02

부추 수경(양액)재배

부추는 백합 과에 속하는 다년생 초본으로 다른 채소와 달리 한 번만 종자를 뿌리면 그 다음 해부터는 뿌리에서 싹이 돋아나 계속 자란다.

동남아시아와 중국이 원산지인 부추는 중국에서는 삼천 년 전부터 재배 되었으나 우리나라에서는 삼국시대부터 재배되었을 것으로 추정한다. 고려 때 편찬된 향약구급방 서에 부추에 대한 기록이 남아 있다. 부추는 대개 봄부터 가을까지 4~5회 잎을 잘라 수확하며, 7~8월 여름철에 꽃대가 나와 작은 흰꽃이 피고 열매는 익으면서 저절로 터진다.

지방에 따라 정구지, 부채, 부초, 난총이라고 부르는 부추의 전설은 기원 200년 때 중국 동한 황제 유수가 전쟁에서 패하여 도망 다니다가 어느 가난한 민가에 들러 아사 직전의 허기를 채우고 목숨을 구하였다. 하

지만 이름없는 채소라는 말에 유수의 생명을 구하였다는 뜻으로 구채(救菜)라하였는데 훗날 부추구 구채(韭菜)가 되었다 한다.

♧ 부추의 또 다른 이름과 속담
- 정구지(精久持): 부부간의 정을 오래도록 유지시켜준다.
- 온신고정(溫腎固精): 신장을 따뜻하게 하고 생식기능을 좋게 한다.
- 기양초(起陽草): 남자의 양기를 세운다
- 월담초: 과붓집 담을 넘을 정도로 힘이 생긴다.
- 파옥초(破屋草): 운우지정(雲雨之情)을 나누면 초가삼간이 무너진다.
- 봄 부추는 인삼, 녹용과도 바꾸지 않는다.
- "부추 씻은 첫 물은 아들은 안주고 사위에게 준다"는 말도 있다.
  (아들에게 주면 좋아할 사람이 며느리이니 차라리 사위에게 먹여 딸이 좋도록 하겠다는 뜻)
- 봄 부추 한 단은 피 한 방울보다 낫다.

♧ 부추의 영양성분 및 효능
- 베타카로틴, 비타민 A, B, C 함유, 당질, 철분과 엽산 및 칼륨이

풍부하여 빈혈 예방, 활성산소 해독 작용, 혈액순환 원활, 천연 장강제, 피로해소 등.
- 부추는 체력이 떨어져 밤에 잘 때 식은땀을 많이 흘리며 손발이 쉽게 차가워지는 사람에게 좋다.
- 배탈이 자주 나는 사람에게도 좋다.

♧ 부추의 요리 종류

부추무침, 부추장아찌, 부추볶음, 부추스크램블, 부추전, 부추김치, 부추잡채, 부추만두속 등이 있다.

♧ 부추수경재배 시스템

부추는 엽채류재배조 580×1000×130mm 스치로폼배드를 설치하고 원예용상토를 채웠다. 그리고 15cm 간격의 점적테이프를 3줄 설치하였다. 배양액은 조성은 일본원예시험장 배양액을 기준으로 삼았다.

규격 5×10cm, 9공의 유공필름으로 멀칭한 곳에는 162구 연결 포트에서 60일 재배한 부추 모종을 정식하였으며 규격 13×13cm 5공필름으로 멀칭한 곳에는 그린벨트 부추 씨앗을 유공필름 구멍마다 6~7알씩

직파 후 상토를 덮어 발아시켰다. 포트묘를 심은 것과 직파한 부추의 성장을 비교분석하였다.

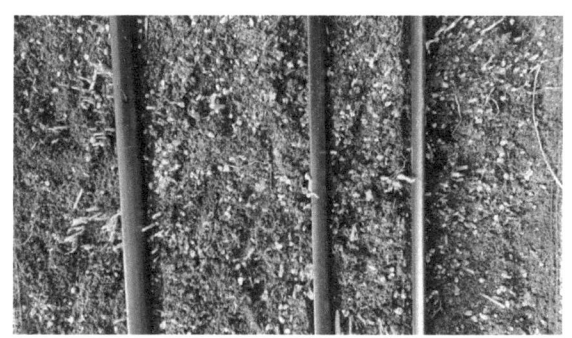

 병충해 발생을 예방하기 위하여 잎들깨, 치커리, 쑥갓, 상추, 케일 등 간작을 실시하였다.
 모든 작물의 영양공급은 화학반응과 원소들의 결합으로 이루어진다. 그래서 농사의 기본은 물관리이며 토양의 수분함량을 작물의 적정선에서 맞게 잘 유지하는 것이 매우 중요하다. E.C 농도와 양액 공급량을 여러 가지로 변화를 주면서 실험재배하였다. 그런데 문제가 발생하였다. 잎들깨와 쌈케일 등의 엽맥 사이의 엽색이 엷어지고 부추 역시 엽색이 연둣빛으로 영양부족현상이 나타났다.

그래서 EC와 양액 급수량 및 공급횟수의 변화를 주면서 경험식 실험을 실시하였다. 1일 양액 공급 횟수를 4회, 3회, 2회로 양액 공급 시간도 3분, 2분 30초, 2분으로 변화를 주면서 여러 번의 실패를 거듭하면서 완전한 부추수경재배 방법을 찾을 수 있었다.

 배드길이 72m, 폭 60cm, 높이 30cm, 재배조 깊이 13cm 4망, 15cm 간격의 점적테이프 3줄/망, 사용으로 1마력 전동급수 모터로 3분 동안 배양액(E.C 1.5)를 1일 2~3회 공급을 기준으로 하고 계절과 날씨에 따라 가감하여 최적화를 이루었다. 첫 수확 이후 25~30일 이면 다시 수확이 가능해 연중출하 할 수 있다. 농사에는 정석이 없다. 주변과 온실환경을 감안해 농사법을 찾아가는 것이 1등 농사꾼이 되는 길입니다.

03 수경재배와 대파

수경재배는 토양을 사용하지 않고 물 또는 인공배지에 식물이 자라는데 필요한 16가지 원소(N, P, K, Ca, Mg, Fe, B, S, Mn, Zn, Cu, Mo, Cl, H, O, C.)가 들어있는 배양액을 공급하여 작물을 재배하는 기술을 말한다.

1600년 벨기에에서 빗물로 버드나무를 재배한 것이 수경재배의 기원이라 한다. 그 후 1860년 독일의 Sachs & Knop 수용비료액으로 식물을 재배하기 시작하였다 한다. 우리나라는 1954년 이승만 대통령 명으로 수원에 유리온실 300평 수경재배 시설을 조성하였다.

수경재배의 특징은 사막이나 황무지 또는 지하와 우주 공간 같은 어떠한 장소에도 구애받지 않고 연작장해 걱정 없이 재배가 가능하며 시비 및 관수의 자동화로 스마트팜 등 생력화로 품질 향상과 수량증가를 할 수 있고 작업환경을 청결로 병해 감소 및 청정작물 생산할 수 있다. 하지만 아직까지는 적용 가능한 작물이 제한적이고 초기 시설비가 부담스럽고 재배작물이 전염병에 걸렸을 때는 확산이 빠른 단점이 있다.

수경재배의 종류는 첫 번째 순수수경으로 액상배지경과 기상배지경이 있다. 두 번째로 고형배지경으로 무기배지경과 유기배지경이 있다.

그중에서 나는 1995년 창농할 때 액상배지경 중 박막수경으로 상추를 재배하였는데 한여름 고온기에 수온이 너무 높아 용존산소량이 부족하여 뿌리가 부패하여 재배를 할 수 없었던 경험 때문에 유기배지경인 코코넛과 혼합상토를 선택하여 연중재배와 출하할 수 있게 되었다.

기존의 딸기 고설재배시설을 개선하여 580×1000×120mm 스티로폼 배드를 설치하고 사용하던 딸기 전용 혼합 상토를 밑에 깔고 그 위에 원예용 상토를 채웠다. 그리고 5cm 간격의 점적테이프를 5줄 설치하였다. 배양액은 조성은 일본 원예시험장 배양액을 기준으로 삼았다.

대파 파종은 멀칭하지 않은 배드 위의 상토에 산파하고 가볍게 상토를 뿌려 덮고 다시 그 위에 차광막을 덮었다 싹이 터면 벗겨주었다.

잎들깨는 규격 5×10cm, 9공의 유공필름으로, 대파와 엽채류는 규격 13×13cm 5공필름으로 멀칭하고 60일 된 수경대파 어린 모종을 유공필름 구멍에 한 포기 심은 것과 두 포기, 세 포기를 심어 비교하였다. 작물 서로 간의 성장경쟁력을 부추긴 세 포기 정식이 가장 빠르게 성장을 하였다. 그런데 문제가 발생하였다. 중파 이상 자라면서 잎의 길이가 길어지고 외대파가 쓰러지기 시작하여 출하할 수 없는 상품이 되어버렸다. 그래서 EC와 양액량 및 공급횟수의 변화를 주면서 경험식 실험을 실시하였다. 1일 양액공급 횟수를 4회, 3회, 2회로 양액공급 시간도 3분, 2분, 2분 30초로 변화를 주면서 여러 번의 실패를 거듭하면서 쓰러지지 않는 수경대파 재배 방법을 찾을 수 있었다.

배드 길이 72m, 폭 60cm, 높이 12cm 4망 5cm 간격의 점적테이프 3줄/망 사용으로 1마력 전동급수 모터로 3분 배양액를 1일 2회 공급을 기준으로 삼고 계절과 날씨에 따라 가감하여 최적화를 이루었다.

그렇게 대한민국 최초로 한울친환경영농조합 곽해묵 농장에서 친환경 무농약대파를 재배하게 된 것이다.

▲ 원예. 특용작물 기술정보112 (2022.10월 채소 분야 참조)

한울농원 이야기

한울의 영농일지
(Hanwool farm story)

한울친환경영농조합
대표이사 곽해묵

목 차

I. 한울수경 창농

II. 불행은 혼자 오지 않는다...

III. 도전, 인간 상록수

I. 한울수경 창농

1. 목표 및 비전
  가) 소비자와 생산자는 한 가족, 국민의 건강증진과 쾌적한 전원환경보전
  나) 유통구조 개선
  다) 마음까지 향기로운 삶, Beauty life의 실현(상표등록)

2. 차별화

  가) 친환경농법
  나) 소포장 상품화
  다) 농산물 리콜제 도입
  라) 직거레 유통

3) 한울친환경영농조합 사업내용

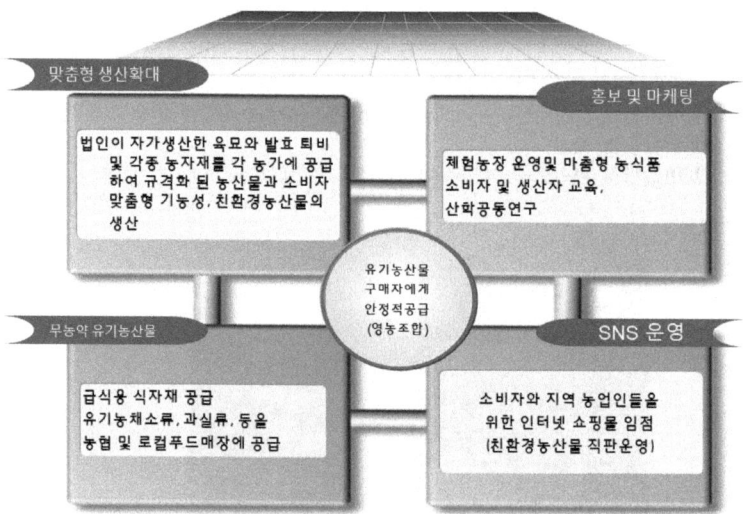

한울친환경영농조합 약력

1990S~2020S

1995.11	수경농장600평 건설
1996.3.31	한울수경 개업
1997.4	대구지역 최초농가로 친환경농산물 무농약재배 인증 취득 (친환경농산물 인증기관 : 국립농산물품질관리원)
2000.2	㈜신세계이마트 입점(친환경채소)계약
2001.3	KS친환경농업연구회 결성
2002.9	홈페이지 개설
2003.9.13	태풍매미로 농장유실
2004.5	한울친환경영농조합 법인 설립(6농가)
2005.3	KS친환경 농업연구회 농가 52농가 경작면적 31ha로 확대
2005.11	농림부 지원사업으로 공산친환경농업지구조성사업 유치
2006.9	친환경 농산물 물류센터 및 육묘장 건립
2008.1	친환경농산물 학교급식 사업
2009.1	대구 테크노파크 바이오산업지원센터 참여기업 선정
2013.12	대한민국 스타팜 선정
2016.7	이랜드 리테일 친환경로컬푸드 및 SNS유통 사업확대
2017.7	롯데마트 우리지역농산물 납품 사업확대
2018.4	농정원 귀농귀촌센터 멘토농장 선정
2019.12	로컬팜까페8062 개업 및 조합원13명으로 확대

따사로운 가을날에 들국화를 헤집어서
논둑길에 걸터앉아 팔공산을 바라보던
그날처럼 흙이 묻은 소맷자락 구슬땀을
훔쳐내고 고개 들어 바라보니
민바우에 공산터널 시원하게 트여 있고
팔공산의 장군봉이 굳센 정기 자랑이라
소원 비는 갓바구는 저 멀리서 미소 짓네
정겹구나, 동네 전경 발아래에 펼쳐 있어
팔공산의 골짝 골짝 매해마다 묻은 사연
타임캡슐 터뜨린 듯 아린 가슴 저려온다.

-중략-

구암 앞들 넓은 뜰에 유채 심고 자운영에
봄 나절에 꽃 축제로 큰 잔치를 벌여두고 허브 동산 가꾸어서
오는 손님 가는 손님 죄다 불러 모아놓고
시끌벅적 어울려서 덩실덩실 더불어서
유기농업 지속하는 살기 좋은 새마을로 청사진을 그려보니
팔공산이 덩실덩실 아침 햇살 정기 받은 갓바구가 미소 짓네!
우리 모두 희망차게 두 손 잡고 손뼉 치며
팔공산의 사랑 노래 크게 한번 불러보세!

-팔공산 연가 중에서- 한울 곽해묵

II. 불행은 혼자 오지 않는다.

1. 태풍 "매미"로 아픔이 슬픔을 달래고

1) 어빙과 쥬디의 연이은 침수 피해 후 닥친 매미의 피해
2) 농협의 자금 압박
3) 침수피해 농지의 친환경농산물 출하정지 행정처분
4) 물류차량 대파되는 교통사고

1. 친환경농업지구조성(규모화)

1) 친환경농산물 SNS 및 대형마트 납품
2) APC산지 유통센터 및 체험학습장 운영
3) 우리지역 농산물 직판장 운영

2. 친환경농업

2-1 친환경농업이란?

- 자연환경과 농업을 조화시켜 환경을 보호하고 안전성

자연환경보호 + 지속 가능한 농업 + 안전한 농산물

2-2. 친환경농업의 특성

1) 토양관리
   윤작
   녹비작물
   태양열 소독

2) 병해충관리
   천적이용
   미생물활용
   식물의 유용성분
   자연상태 광물질

2-3. 친환경 농자재 제조법

1) 응애, 진디물 방제방법
   자판기용 커피(60~100g) + 소주(150cc) + 물 20ℓ +
   느릅나무 껍질(20~40g) 물에 불려 갈은 것

2) 뿌리응애(파) 살충제 제조법
   [유채기름(60cc) + 소주(40cc)]를 먼저 혼합하고 물 20ℓ와 혼합
   유채기름은 볶은 기름보다 생 기름이 효과가 크다.

3) 고자리병(마늘) 방제방법
   경작면적 300평당 은행잎 20kg을 뿌려준다.

4) 세균성 천고병 방제방법
   치커리뿌리(20g) + 물(20ℓ), 수용성 규산 입제(20cc) + 물(20ℓ)

2-4. 병충해 방제

1) 가열소독법:
    소토법,
    증기법,
    태양열소독법
2) 미생물 농약
3) 천적을 이용한 방제
4) 페르몬 트렙의 이용
5) 그밖의 방제법:
    측창망사로 차단, 훈증

한울농원의 유기농법

농업은 행동철학이고 농업소득은 나의 품삯 이다.

3. 새로운 성장동력을 찾아서

1) 2005년 쇼핑몰 개설과 허브농원 개원
2) 거래처의 다원화 : 매출보다 실속
3) 농업은 예술이고 문화다 : 색깔 있는 농업
4) 실력이 경쟁력 이다: 학습과 벤처마킹

3. 수확 후 관리 및 유통

1) 수확 후 전처리

수확 후 관리: 수확 후에 발생되는 손실방지, 품질유지

가. 예냉 : 수확 시 원예농산물을 예비냉장하여 품온을 낮추어 호흡, 증산, 효소작용 등을 억제시켜 주는 과정(강제송풍, 차압통풍, 진공, 냉수냉각)

나. 예건 : 원예산물을 저장 전에 표면을 건조하는 것

다. 수세 : 대규모 기계수세작업(사과, 자두, 복숭아)

2) 수확 후 예냉

※ 주의사항
- 수분손실 및 위조 감소를 위해 7℃ 내외로 급격히 예냉
- 냉수냉각시 예냉 후 병원균 감염주의
  - 수질관리 및 건조철저
- 왁스처리 시 박테리아에 의한 무름병 주의

3) 로컬푸드와 맞춤형농업

1) 예찰이 가능한 단체급식 식재료 원물의 계획생산
   (자원절약)
2) 환자용 식단과 건강식단의 맞춤형 농산물 생산
   (농가소득증대)
3) 심신를 치유와 행복충전, 원예 테라피(국민건강증진)
4) 생산자와 소비자의 관계 지속과 지역순환구조 회복
   (쾌적한 환경)

4. 경쟁력 만들기

1) 끊임없이 자신을 연마하다(정보, 지식, 인맥)

2) 나는 누구인가?(나의 강점에 따른 목표설정)

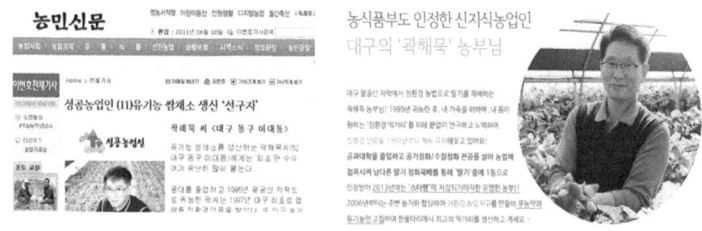

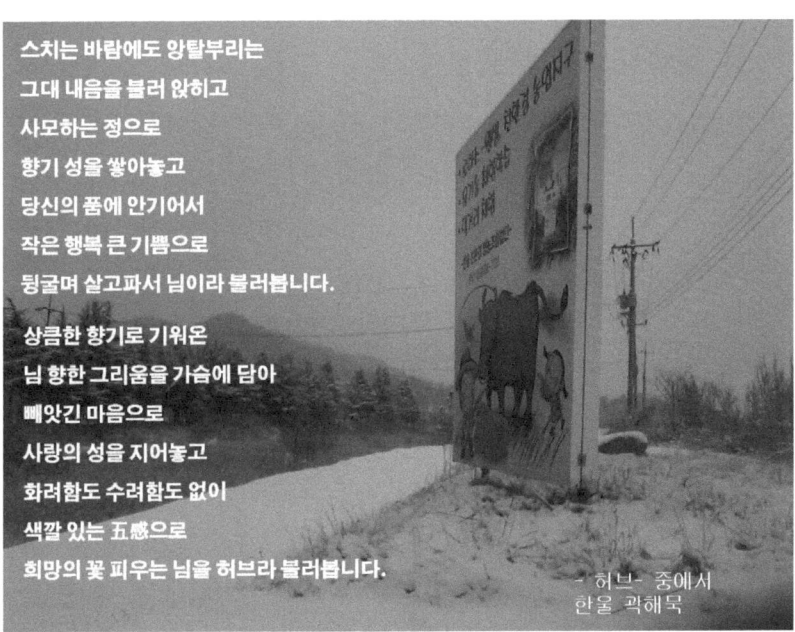

스치는 바람에도 앙탈부리는
그대 내음을 불러 앉히고
사모하는 정으로
향기 성을 쌓아놓고
당신의 품에 안기어서
작은 행복 큰 기쁨으로
뒹굴며 살고파서 님이라 불러봅니다.

상큼한 향기로 기워온
님 향한 그리움을 가슴에 담아
빼앗긴 마음으로
사랑의 성을 지어놓고
화려함도 수려함도 없이
색깔 있는 五感으로
희망의 꽃 피우는 님을 허브라 불러봅니다.

- 허브- 중에서
한울 곽해묵

3) 체험농장과 팜파티

매스컴을 통한 홍보 적극 활용 다수
KBS, MBC, TBC, 일간지, 월간지 등

3) 체험농장과 학습농장

4) SNS거래 확대

4) SNS거래 확대

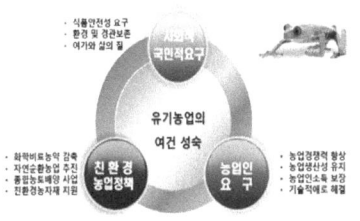

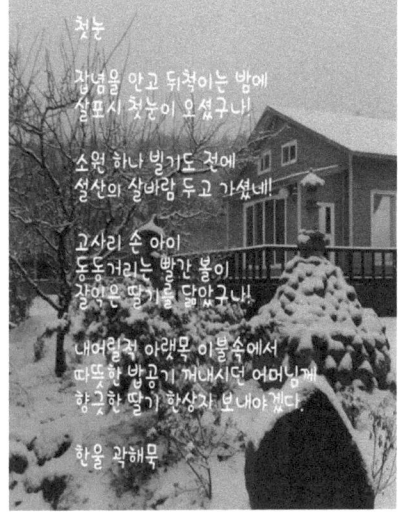

III. 도전, 인간 상록수

1. 한국농업의 현황 및 소비변화
2. 현재의 한국농업
3. 사업별 운영 및 추진계획

1. 우리나라의 농업현황

1) 경지규모별 농가수

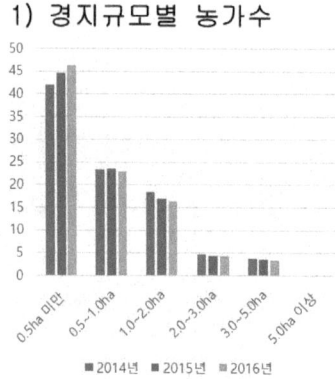

2) 경지규모별 농가소득

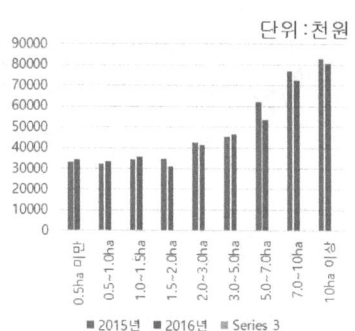

3) 품목별 및 경영주연령별 소득

가) 품목별 농가 소득

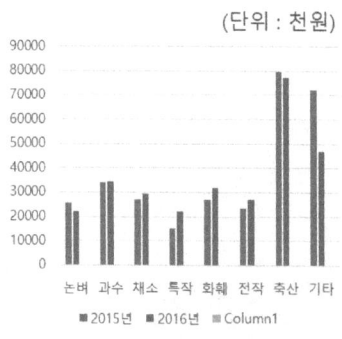

나) 경영주연령별 농가소득

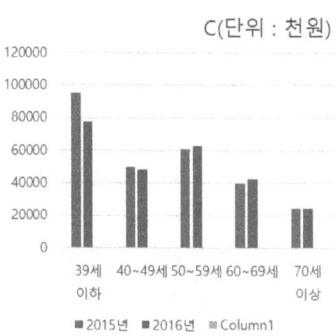

2. 현재의 한국농업

1) 농가부채와 고령화 : 일손부족
2) 풍요시대 소비자 생활습관 변화 : 1~2인 가구 47%
3) 신유통 체제의 등장 : 편의점의 급성장
4) 노동 집약적 농업⇒자본 집약적 농업(재배농업에서 기르는 농업)
   사냥,채집→ 정착,재배,목축→기계화→기술,지식,정보→ 스마트 팜
5) 2015년 경북농가평균소득은 38,222,000원 중 순농업소득은
   15,470,000원(전국평균12,470,000원)

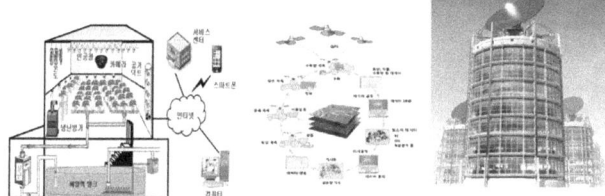

3. 사업별 운영 및 추진계획

1) 수경재배의 종류

순수수경	액상배지경	담액수경, 박막수경, 모세관수경	순환식
	기상배지경	분무수경, 분무경	
고형배지경	무기배지경	암면경, 펄라이트경, 사경, 역경	비순환식
	유기배지경	훈탄경, 코코넛 코이어경, 피트	

주) 담액수경(엽채류, 미나리), 분무수경(씨감자), 박막수경(엽채류, 쌈채소), 모세관수경(분화), 암면경(파프리카, 토마토, 장미, 딸기), 펄라이트경(토마토, 오이, 딸기, 장미), 코이어경(파프리카, 토마토, 딸기, 장미) 등

비순환식	수량,품질영향	오염요소재침투→보호비용발생
		재배환경물량→배액(관수)→환경오염
순환식	미정착기술	배액재활용→처리비용발생
		수량품질우려→배액(관수)→처리, 수집

수경재배유형

2) 사업별 운영 및 추진계획

先立己見者 有所不見
自謂己知者 有所不知

감사합니다.

로컬팜카페 사업계획서

로컬팜까페8062

문화와 예술이 있는

farm cafe

사업계획서 : 한울 곽해묵

차 례

I. 사업 개요
II. 사업별 운영계획
   1. 로컬푸드 생산 및 유통
   2. 농부학교 운영(농업인 학원)
   3. 체험학습(관광농업)장 운영
   4. 귀농귀촌 교육농장 운영
   5. 인문학 까페(팜 까페)운영
III. 사업별 핵심 전략
   1. 농산물직판장 및 팜 까페
   2. 교육농장 및 플앗이뱅크
   3. 마케팅계획
IV. 상품계획 및 전문인력 계획
V. 기대효과

더 라운지 '딸기의 여왕'

I. 사업 개요

목적 사업
- 농산물 계약재배, 가공, 유통, SNS판매 및 on, off lin 판매장 운영
- 영농교육 훈련소 및 귀농귀촌 교육, 농촌문화체험학습장 운영
- 농업경영 컨설팅사업, 교육 및 지도 사업
- 농작업 대행 및 농촌관광, 예술과 공연이 있는 인문학 까페 운영 등

사업의 추진 배경
- 농업농촌의 가치확대 및 농산물 유통체널의 확산 등 유통환경 변화: 농산물의 단체급식 및 마춤형 계획생산으로 유통체널의 단순화와 농산업의 가치확대
- 농업농촌의 융복합산업 중심으로 새로운 농촌문화 콘텐츠 확산: 문화와 예술이 있는 농촌체험학습 및 농촌관광산업의 활로개적으로 농경문화의 개승발전

로컬푸드와 맞춤형농업

1) 예찰이 가능한 단체급식 식재료 원물의 계획생산
   (자원절약)
2) 환자용 식단과 건강식단의 맞춤형 농산물 생산
   (농가소득증대)
3) 심신를 치유와 행복충전. 원예 테라피(국민건강증진)
4) 생산자와 소비자의 관계 지속과 지역순환구조 회복
   (쾌적한 환경)

2. 농부학교 운영(농업인 학원)

1) 농작업 숙련공 양성 및 농사기술자 양성
2) 관청의 일자리창출팀과 MOU체결
3) 품목별 숙련공 양성 및 품앗이 뱅크 운영
4) 농가 인력난 해소 및 일자리창출

3. 체험학습(관광농업)장 운영

1) 농산물 수확 체험(딸기, 토마토 등)
2) 가공식체험(생과일쥬스, 쨈, 피자, 쿠키, 퐁듀, 빵, 발효식품 등)
3) 가족, 외국인 관광객, 학생 및 학원 등 단체의 체험학습
4) 호기심과 흥미를 유도하는 사물어플리케션 및 다양한 프로그램 개발

출처:반얀트리클럽앤스파시울

http://blog.naver.com/bnnet0316/221308073953

4. 귀농귀촌 교육농장 운영

1) 농정원의 귀농귀촌교육 진행 기관과 MOU체결
2) 교육농장(농진청) 등록
3) 장기실습농장 분양
4) 귀농귀촌 컨썰팅 사업

5. 인문학 까페(Farm cafe)운영

1) 문화와 예술이 융화된 새로운 농경문화 창출
2) 민족의 전통문화와 역사, 농민문학 등 인문학 강연 및 국악, 연극, 백일장 등을 주기적으로 시행하여 낭만을 전원에서 즐기는 인문학까페 운영

III. 사업별 핵심전략

1. 농산물직판장 및 팜 까페 SWOT & 핵심 전략		내부역량	
		강 점(S)	약점(W)
		· 공산친환경 농업지구 · 팔공산 미나리,딸기,사과 등 다양한 농산물 · 대구광역시 도심에 위치	· 친환경농산물 다품목 소량생산 · 팔공로에서 접근성미흡으로 유동인구 흡수미약 · 농업 주민의 고령화
외부환경	기회(O)	· 고품질 안전 농산물 수요 증가 · 연경동 아파트타운 신축 · 농촌 관광 수요 증가	· 소비자 미춤형 친환경 농산물생산 · 작목반교류와 활성화로 지역특산물품목 교섭력 · 도시민을 위한 농촌 어메니티 소재개발 및 인문학 까페로 차별화	· 친환경채소와 과일로 다양한 건강식 생과일 야채주스 개발 · 기존의 거래서(대형 마트)와 SNS유통 조직과 협력체계를 구축하여 계획생산 농업을 실시
	위협(T)	· 팔공산 순환도로변 및 파계로주변 커피숍과 까페 등 경쟁사가 많음 · 수입농산물로 국내농업의 위축 및 경쟁력 약화	· 농촌문학과 예술을 즐기는 공연과 강연의 전원 까페와 로컬푸드매장운영 · 농업의 6차산업화 촉진을 통한 도농교류학대	· 동구청의 지원에 의한 도시인구 고용촉진 농부학교 사업 전개 · 도시민의 주말 팔공산 나드리객을 위한 이벤트 기획으로 관광농업 및 가족단위 체험학습 확대

III. 사업별 핵심전략

2. 교육농장 및 품앗이뱅크 SWOT & 핵심 전략

내부역량

	강점(S)	약점(W)
	· 도심의 친환경농업지구 · 농정원 귀농귀촌 강사 · 다양한 형태의 온실보유	· 교육생 모집 기반 취약 · 농진청 및 농정원 교육농장 미인가

외부환경

	강점(S)	약점(W)
기회(O)	· 은퇴자의 귀농귀촌 교육 수요 증가 · 농촌의 고령화로 농부학교(훈련소) 필요성학산 · 농촌의 인력부족난으로 품앗이뱅크 수요 증가	· 동구청 일자리창출팀과 MOU체결로 교육비 지원 및 교육생자원 확보 · 귀농귀촌교육 전문기관 (전략인재개발원 등)의 현장실습장 제	· 대구시농업기술센터의 지원을 받아 농진청 교육농장으로 등록 · 귀농귀촌교육 이수후 학점이 부여받는 농정원 인가 농부학교로 등록
위협(T)	· 외국인 불법체류자의 농촌유입이 인력품질 저하 및 비효율(생산비 증가)의 가속화 · 품목간 농부간 숙련도의 편차로 하향평준화	· 공공근로사업 지원자를 구청의 지원을 받아 품목별 농작업 숙련공으로 훈련(교육) 시켜 자격증을 취득후 농부학교를 졸업시켜 품앗이뱅크에 저축하고 요청하는 농가에 취업	· 은퇴자 및 예비귀농자, 창업농, 실업자, 한시적으로 여유가 있는 농업인을 품목별 농작업수련공으로 훈련시켜 품앗이뱅크를 구축하고 농가와 지자체가 인건비를 절반씩 지불하는 시스템 구축

3. 마케팅 계획

1) SWOT분석

S
- 친환경 농업지구, 대형유통업체와 계약재배
- 농촌문화와 예술의 융복합 팜 까페
- 팔공산의 문화유적과 관광명소
- 고속도로와 도심에서 접근성이 용이

W
- 팜 까페 운영경험 부족
- 농촌의 고령화로 일손부족
- 유기가공식품기술 부족

O
- 대구시티투어 코스
- 학생들의 교과과정 농촌체험학습
- 새로운 체험상품개발(사물 앱) 요구
- 생과일 쥬스와 커피의 수요증가

T
- 향후 2~3년간 생산 및 수입감소와 투자비용증가
- 생과일 쥬스 팜 까페 경영은 불안한 신시장
- 체험고도화로 체험비 상승과 낮은 의식수준의 농작물의 피해

WT전략 도출

1. 유기식품 R&D구축과 감성농업으로 인문학 팜까페
2. 식체험 상품개발 및 친환경 로컬푸드매장과 공동마케팅 전략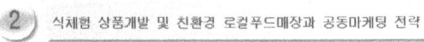
3. 대형마트와 SNS유통의 안정적 거래와 마촐형농업 유통체널 다원화

세상의 단 하나 명품농장
오감만족 farm cafe
로컬푸드직거래장터
신시장 진출!!

2) 포지셔닝

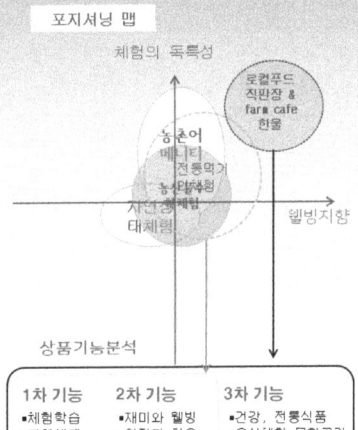

- 상품과 연령별로 수직 수평의 계열화로 다양화

체험상품 다양성
- **자사** 농촌관광 > 4계절 연속된 체험 프로그램
  연령별 기호도에 따른 레시피+
  식사 또는 간식 체험

체험상품 독특성
- **자사**, > 고객지향의 즐거운 체험

웰빙 지향
- **자사** ≫ 유기농 음식체험과 쾌적한 문화공간
  체험만족과 건강, 느끼는 정서

집단 1 : 체험학습 고객(학생) ➔
  농부학교 학생 및 가족단위 고객 유치
집단 2 : 팔공산 관광객, 외국인관광객

IV 상품계획 및 전문인력계획

1) 상품계획

프로그램명	내 용	비 고
미나리 체험	수확, 시식, 녹즙, 요플레, 아이스크림	2~4월
토마토 체험	수확, 잼, 요플레, 아이스크림, 쥬스	5~7월
사과체험	수확, 잼, 요플레, 아이스크림, 쥬스	연중
블루베리 체험	수확, 잼, 요플레, 아이스크림, 쥬스	5~9월
수확체험, 가공체험	근채류, 녹즙류 채소, 쌈밥, 피자, 쿠키, 전, 빵, 샐러드 & 레시피	연중
전통식품 체험	쌈채소 절임, 메주, 된장, 고추장, 식혜, 식초, 인절미	연중
시설딸기 체험	수확, 잼, 요플레, 아이스크림, 쥬스	1~4월

2) 인력 보유계획

구 분	인원수	담당업무	비 고
기술개발	0	레시피 개발 체험프로그램 개발	외부협력
현장지도	2	계절별, 품목별, 프로그램별 지도	
마케팅/영업	1	홍보 및 고객관계 관리	
사 무	1	업무지원, 총무, 자금조달	
합 계	4		

3. 로컬팜카페8062 파급효과

1) 시장측면
  가. 로컬푸드와 전통식품의 수요증가 및 유기농산물 생산농가의
      저변확대, 농산물의 산지판매 증가로 직거래 확대
  나. 소비자의 방문·체험으로 농산물에 대한 신뢰도 향상과
      농가의 품질향상 유도 효과

2) 산업측면
  가. 관광체험산업은 농업을 6차 산업으로 발전 유도
  나. 국가 녹색성장의 축으로 농업의 새로운 사업모델 제시와
      농가소득 증대 기대

3) 소비자측면
  가. 직거래유통으로 유기농 농산물을 저렴하게 공급 받고
      농촌문화를 편안하게 즐길 수 있다.
  나. 도시민들에게 농업의 가치와 중요성을 깨우치는 기회

4) 품앗이 뱅크의 기대효과

가. 현장실습형 체험학습으로 농작물의 재배능력 배양
    하고 시설의 관리기술을 익혀 보다 안정적이고 품목별
    숙련된 농작업 전문인력 배양 및 보급으로 농촌의
    품목별 전문 인력자원 비축 및 확보

나. 부족한 농촌인력의 안정적 공급과 지속가능한 한국
    농업의 미래 지향적인 새로운 패러다임의 농업경영
    지표 설정

다. 실습기간 내 농작업 노하우 습득 및 품앗이 뱅크로
    농가의 소득향상

라. 밀착형 개별교육이 가능한 품목별 차별화된 등하교형
    귀농교육으로 귀농귀촌교육의 폭을 넓힌 심화교육이
    될 것임.